MAKE
BAKE
CUPCAKE

Kreative Rezeptideen

MAKE BAKE CUPCAKE

Kreative Rezeptideen

TOLLE NEUE CUPCAKE-KREATIONEN

ZUM SELBERBACKEN

INHALT

Backen in Perfektion

Cupcakes liebt einfach jeder. Diese ausgefallenen Mini-Kuchen sind liebevoll verziert und dekoriert sowie perfekt portioniert. So gibt es keinen Streit mehr um das beste Stück vom Kuchen, da jeder Cupcake die perfekte Kombination aus Kuchen und Glasur ist.

Der gebackene Mini-Kuchen wird zur leeren Leinwand, die Sie nach Lust und Laune bemalen und verzieren können. So entstehen kleine, essbare Kunstwerke. Dieses Buch wird Ihnen zeigen, wie Sie mit verschiedenen Glasuren, Farben, Dekorzuckern und Fondantformen aus einem einfachen Cupcake eine kunstvolle Figur zaubern können.

Cupcakes zu verzieren ist der größte Spaß, und viel leichter, als Sie vielleicht denken. Folgen Sie einfach den Schritt-für-Schritt-Anleitungen im Buch, und in kürzester Zeit werden Sie zum Cupcake-Künstler.

Sobald Sie die Grundlagen der Zubereitung verstanden haben, sind Ihrer Kreativität keine Grenzen mehr gesetzt. Schon bald werden Sie Ihre Gäste mit Ihren eigenen Cupcake-Kreationen begeistern. Fröhliches Backen, Dekorieren – und Vertilgen!

Die Grundzutaten

Der Cupcake-Teig wird immer mit denselben Grundzutaten hergestellt. Wenn Sie diese Grundlagen beherrschen, kann eigentlich nichts mehr schiefgehen.

Butter und Zucker

Hier kommt es darauf an, die Butter und den Zucker cremig zu schlagen, bevor die Eier und weitere Zutaten untergerührt werden. Schlagen Sie Butter und Zucker 3–5 Minuten mit einem Mixer auf mittlerer Stufe. So wird der Teig für die Cupcakes schön locker und fluffig.

Die Eier zufügen

Rühren Sie die Eier immer einzeln unter die Butter-Zucker-Masse. Geben Sie die Eier nacheinander und unter ständigem Rühren in die Mischung. Fügen Sie das nächste Ei erst zu, wenn das vorige vollständig untergerührt wurde.

Das Mehl unterrühren

Sobald das Mehl dazugegeben wurde, sollte der Teig nur so lange gerührt werden, bis das Mehl vollständig eingearbeitet ist. Fügen Sie nie das ganze Mehl auf einmal hinzu, sondern rühren Sie es immer portionsweise unter und schaben Sie das Mehl immer wieder von den Rändern der Schüssel in den Teig.

Die Papierförmchen befüllen

Wenn der Teig fertig ist, wird er in die vorbereiteten Papierförmchen im Cupcake-Backblech gelöffelt. Jedes Förmchen sollte zu zwei Dritteln mit Teig befüllt werden. So kann der Cupcake beim Backen ausreichend aufgehen und eine schöne kuppelartige Form erreichen, die perfekt für das spätere Dekorieren ist. Soweit es im Rezept nicht anders angegeben ist, wird der Teig immer gleichmäßig auf die Förmchen verteilt.

Das Backen

Damit die Cupcakes nicht trocken werden oder gar verbrennen, sollten Sie 1–2 Minuten vor Ende der Backzeit den Gargrad testen. Stechen Sie dazu einen Holzspieß in die dickste Stelle eines Cupcakes und ziehen Sie ihn wieder heraus. Wenn der Spieß sauber ist, sind die Cupcakes gar.

Auskühlen

Die Cupcakes aus dem Ofen nehmen, sobald sie aufgegangen und gar sind. 1–2 Minuten in der Form abkühlen lassen, bis man sie anfassen kann. Die Cupcakes dann mit einem Teigspatel oder einem kleinen Messer aus der Backform lösen und zum vollständigen Auskühlen auf ein Kuchengitter stellen.

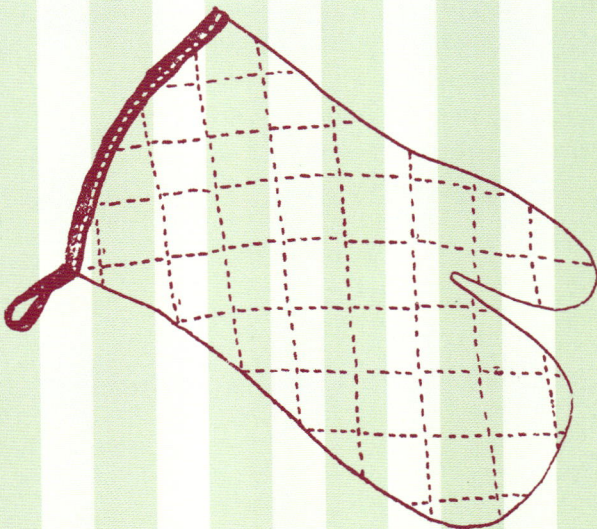

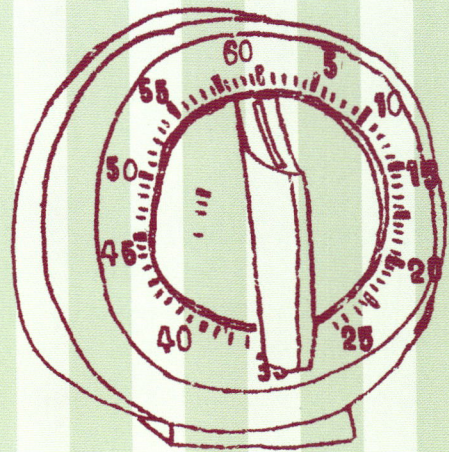

Die perfekte Glasur

Der Begriff Glasur wird hier als Oberbegriff verwendet und meint jede Art von Überzug oder Guss, die zum Verzieren der Cupcakes verwendet wird.

Einfache Buttercreme

Sie wird aus Butter und Puderzucker hergestellt und meist mit etwas Zitrussaft, Aroma oder Kakaopulver verfeinert. Buttercreme kann man mit einem Palettenmesser auf die Cupcakes streichen. Die Creme hat eine geschmeidige Textur und hält dabei die Form, sie lässt sich mithilfe eines Spritzbeutels in wunderschönen Formen und Designs auf die Cupcakes auftragen.

Gekochte Buttercreme

Die Creme wird auch Schweizer Buttercreme genannt und aus Zucker, Butter und Eischnee hergestellt. Diese Variante ist leichter und nicht so süß wie einfache Buttercreme. Die Herstellung nimmt zwar etwas mehr Zeit in Anspruch, aber es lohnt sich. Zuerst muss das Eiweiß mit dem Zucker über einem Wasserbad geschlagen werden. Erst wenn die Creme weiße Spitzen wirft, kann die Butter untergerührt werden. Zum Schlagen der Creme verwenden Sie am besten einen Standmixer. Obwohl die gekochte Buttercreme weniger Butter enthält als die einfache, lässt sie sich ebenso gut verarbeiten und hält auch die Form.

Frischkäseglasur

Diese Glasur ähnelt der einfachen Buttercreme, nur dass hier ein Teil der Butter durch Frischkäse ersetzt wird. Dadurch schmeckt sie weniger süß und hat eine samtigere Textur.

Baiser-Glasur

Diese Glasur ist viel leichter als Buttercreme, denn sie besteht aus Eiweiß und Zucker ohne zusätzliches Fett. Oft wird Weinsteinpulver dazugegeben, damit der Eischnee schön steif wird. Sie können damit wunderbar lockere Wirbel auf die Cupcakes spritzen, allerdings ist diese Glasur nicht sehr lange haltbar und sollte möglichst am selben Tag verzehrt werden. Das Baiser lässt sich am besten mit einem Mixer oder in einem Standmixer herstellen.

Rollfondant

Rollfondant ist eine weiche, formbare Zuckermasse, die auf keiner Hochzeits-torte fehlen darf. Wegen der Textur, die Knete ähnelt, ist Fondant perfekt zum Dekorieren von Cupcakes geeignet. Man kann ihn in allen möglichen Farben kaufen oder einfach selbst einfärben, kneten, formen, ausrollen und zurecht-schneiden. Fondant ist sehr süß, doch mit einigen Tropfen Aroma lässt er sich geschmacklich leicht verändern.

Sie können Fondant natürlich auch selbst herstellen, allerdings sparen Sie eine Menge Zeit, wenn Sie fertigen Rollfondant verwenden. Zum Einfärben des Fondants verwenden Sie am besten Lebensmittelfarbe in Form einer Paste oder eines Gels, damit der Fondant nicht zu flüssig wird.

Ganache

Ganache ist eine reichhaltige Creme, die aus Sahne und Schokolade hergestellt wird. Sie können die Ganache als glänzenden Guss noch warm über die Cupcakes gießen oder abgekühlt als Füllung verwenden. Sie schmeckt hervorragend und ist einfach herzustellen. Schokolade und Sahne werden in einer hitzebeständigen Schüssel über einem Wasserbad geschmolzen. Rühren Sie so lange, bis die Schokolade vollständig geschmolzen und eine geschmeidige Creme entstanden ist.

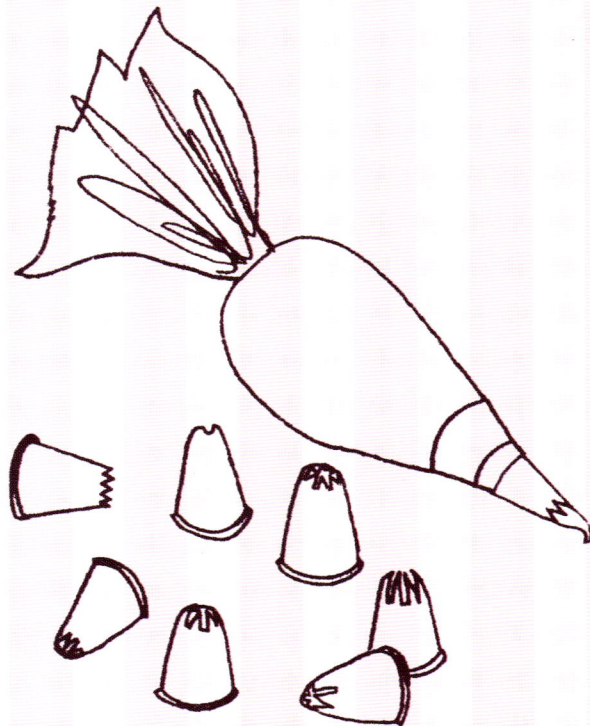

Den Spritzbeutel richtig einsetzen

Wenn Sie einen Spritzbeuten befüllen, ist es wichtig, zuerst die richtige Spitze einzusetzen. Denn wenn der Spritzbeutel erst einmal befüllt ist, wird es schwierig, die Spitze auszutauschen, ohne dass der Inhalt herausläuft. Nehmen Sie den leeren Spritzbeutel in die Hand und klappen Sie die Seiten nach außen. Alternativ können Sie den Spritzbeutel auch in ein hohes Glas stellen und die Seiten dann über den Rand schlagen. Füllen Sie die Glasur mithilfe eines Löffels oder eines Teigspatels in den Spritzbeutel. Dabei den Spritzbeutel nur zu zwei Dritteln befüllen. Drücken Sie die Luft im Beutel nach oben hin heraus. Klappen Sie die Seiten wieder um und verschließen Sie den Beutel am besten mit einem Gummiband, damit die Glasur nicht nach oben hin austreten kann.

Um die Glasur spiralförmig auf die Cupcakes zu spritzen, verwenden Sie am besten eine Sterntülle. Setzen Sie am äußeren Rand an, halten Sie den Spritzbeutel gerade und etwa einen Zentimeter über den Kuchen. Drücken Sie die Glasur dann vorsichtig von oben nach unten aus dem Spritzbeutel und ziehen Sie den Beutel gleichmäßig spiralförmig weiter. Arbeiten Sie langsam von außen nach innen. Sobald Sie in der Mitte angekommen sind, drücken Sie nicht mehr und ziehen die Spitze gerade nach oben weg.

Mit der Sterntülle können Sie auch einzelne Sterne auf die Cupcakes spritzen. Halten Sie dazu den Spritzbeutel gerade über den Cupcake, spritzen Sie etwas Glasur auf den Kuchen und ziehen Sie die Spitze gerade nach oben weg. Auf diese Weise können Sie die gesamte Oberfläche des Cupcakes bedecken.

Wichtige Deko-Utensilien

• Spritzbeutel mit verschiedenen Tüllen sind unerlässlich, um Glasuren dekorativ aufzutragen. Sie können anstelle eines Spritzbeutels aber auch reißfeste, verschließbare Gefrierbeutel verwenden. Schneiden dazu eine Ecke des Beutels ab und stecken Sie eine Tülle durch das Loch.

• Spritztüllen gibt es in allen erdenklichen Formen und Größen, von Lochtüllen über Rosentüllen und Sterntüllen bis hin zu Tüllen mit mehreren Löchern. Sie können die Tüllen einzeln oder im Set kaufen. Für die Rezepte in diesem Buch ist ein kleines Tüllenset vollkommen ausreichend.

• Auch ein Palettenmesser ist nützlich, um Glasuren aufzutragen. Es ist in jedem Haushaltswarengeschäft erhältlich.

Alles dreht sich um die Dekoration

Papierförmchen

Papierförmchen sind der Grundstein für ausgefallene, farbenfrohe und lustige Cupcake-Kreationen. Wenn Sie nicht wollen, dass die Förmchen während des Backens fettig und durchsichtig werden, dann verwenden Sie für den Backvorgang dünne, helle Papierförmchen und setzen Sie die Cupcakes danach in Ihre Lieblingspapierförmchen.

Lebensmittelfarbe

Lebensmittelfarbe in Form eines Gels oder einer Paste führt meist zu leuchtenderen Farbergebnissen als flüssige Farbe.

Streusel und Dekorzucker

Zuckerstreusel, Liebesperlen und Dekorzucker sind in allen möglichen Farben und Formen erhältlich. Im Internet gibt es mittlerweile eine Vielzahl von Backshops mit einer riesigen Auswahl an Dekorationsmaterialien.

Fondant

Es gibt bereits fertige Fondant-Dekorationen in allen möglichen Farben und Formen. Auch hier lohnt sich ein Blick in einen der zahlreichen Onlineshops.

Zuckerschrift

Zuckerschrift in Tuben ist optimal, um Ihren fertigen Cupcakes noch mehr Dekor zu verleihen. Sie können die Schrift direkt aus der Tube auftragen.

Lebensmittelfarbstifte

Sie sehen aus wie ganz normale Stifte, doch die Farbe, mit der Sie schreiben, ist essbar. Auch hier gibt es eine große Auswahl an Farben.

Kuvertüre

Wenn Sie Ihren Cupcakes eine Sckokoladenglasur verleihen wollen, dann eignet sich dazu am besten Kuvertüre. Geschmolzen hat sie die optimale Textur und lässt sich gut auftragen. Sobald die Kuvertüre trocken ist, wird sie schön knusprig.

Lagern & Verzehren

• Vor dem Abdecken und Lagern sollten die Cupcakes immer vollständig abgekühlt sein, also mindestens 30–45 Minuten.

• Cupcakes ohne Glasur, mit Frischkäse- oder sahnehaltiger Glasur können abgedeckt bis zu drei Tage im Kühlschrank aufbewahrt werden.

• Cupcakes mit Buttercremeglasur können abgedeckt und bei Zimmertemperatur bis zu drei Tage aufbewahrt werden.

• Cupcakes mit Baiser sollten am selben Tag gegessen werden.

• Cupcakes ohne Glasur können auch luftdicht verschlossen und nebeneinander bis zu drei Monate im Gefrierschrank aufbewahrt werden. Tragen Sie die Glasur auf die gefrorenen Kuchen auf und lassen Sie sie im Kühlschrank vollständig auftauen. Die Cupcakes etwa 15 Minuten vor dem Servieren aus dem Kühlschrank nehmen, damit sie Zimmertemperatur haben.

• Auch viele Glasuren können aufbewahrt oder eingefroren werden. Buttercreme und Frischkäseglasur können in einem luftdicht verschlossenen Behälter bis zu zwei Wochen im Kühlschrank und bis zu sechs Wochen im Gefrierfach aufbewahrt werden. Gefrorene Glasur im Kühlschrank auftauen und vor dem Auftragen nochmals 1–2 Minuten mit dem Mixer aufschlagen.

• Rollfondant hält sich, fest in Frischhaltefolie eingewickelt und an einem kühlen, trockenen Ort gelagert, viele Monate.

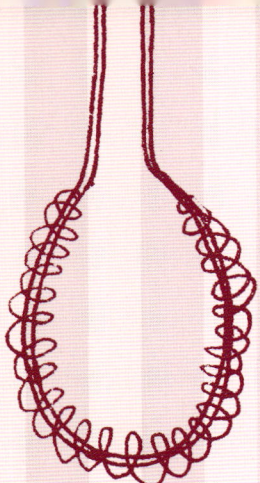

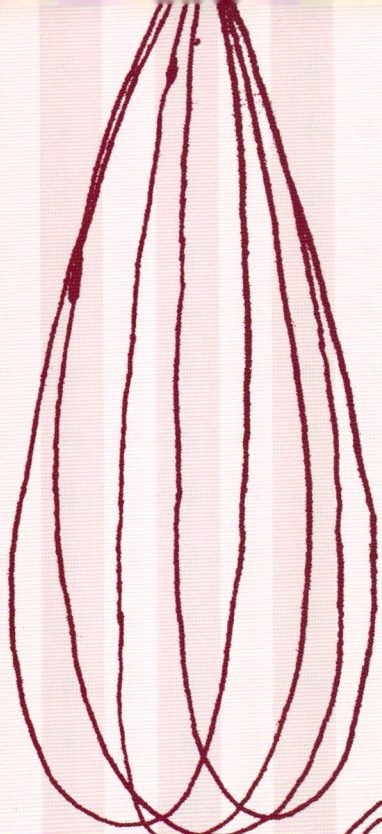

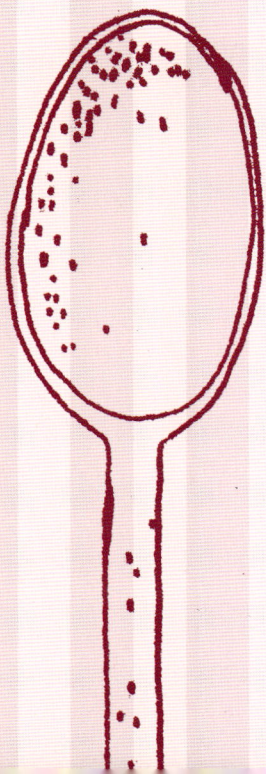

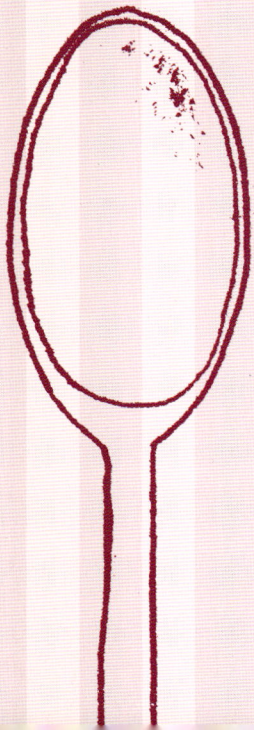

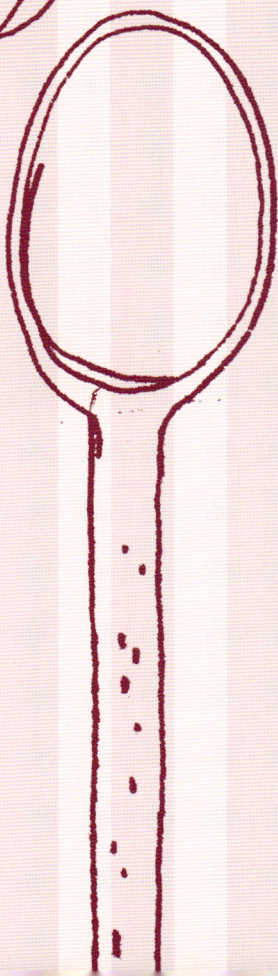

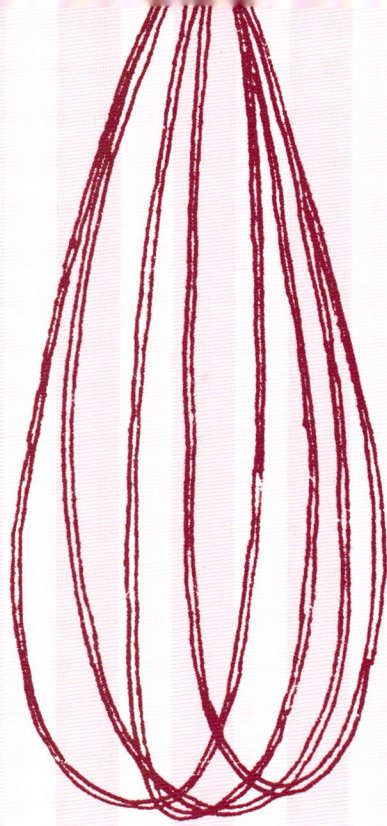

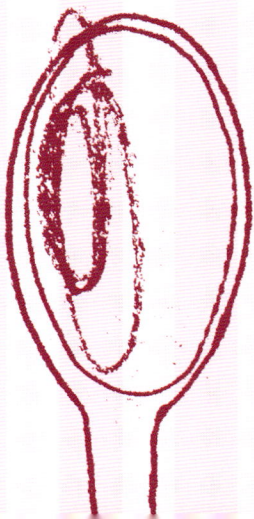

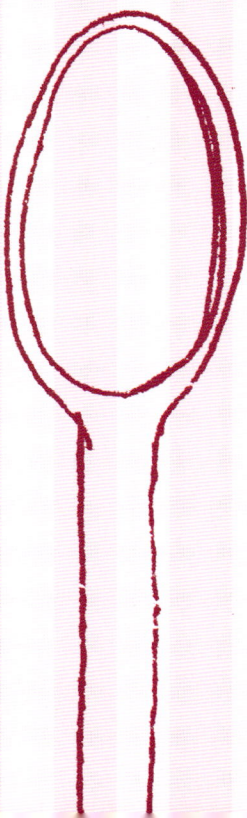

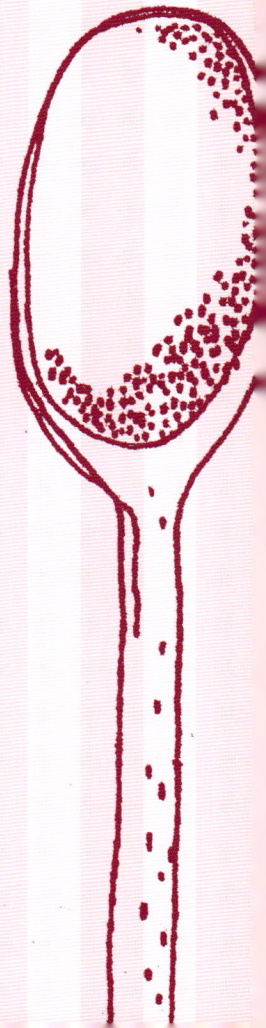

KAPITEL 1
COCKTAIL-
CUPCAKES

Margarita-Cupcakes

Ergibt 12

200 g Mehl

1½ TL Backpulver

¼ TL Salz

125 g weiche Butter

200 g Feinstzucker

einige Tropfen Vanillearoma

2 Eier, Größe L

90 ml Milch

3 EL Tequila

fein abgeriebene Schale und
Saft von 1 Limette

Glasur

3 Eiweiß von Eiern in Größe L

150 g Puderzucker

225 g weiche Butter

4 EL Triple Sec

fein abgeriebene Schale
von 1 Limette

Lebensmittelfarbe in Grün

1. Den Backofen auf 180 °C vorheizen und ein Cupcake-Backblech mit 12 Mulden mit Papierförmchen auslegen.

2. Mehl, Backpulver und Salz in einer Schüssel vermengen. Butter und Zucker in einer weiteren Schüssel hell und schaumig schlagen. Das Vanillearoma zugeben und die Eier unter ständigem Rühren nacheinander zufügen. Die Hälfte der Mehlmischung, Milch, Tequila, Limettenabrieb und -saft unterrühren. Die restliche Mehlmischung zugeben und verrühren.

3. Den Teig in die vorbereiteten Papierförmchen füllen und im vorgeheizten Ofen 20 Minuten backen, bis die Cupcakes aufgegangen und goldbraun sind. 1–2 Minuten in der Form abkühlen lassen, dann zum vollständigen Auskühlen aus der Form nehmen und auf ein Kuchengitter heben.

4. Für die Glasur Eiweiß und Puderzucker in eine hitzebeständige Schüssel geben, über einen Topf mit köchelndem Wasser setzen und schlagen, bis der Zucker vollständig aufgelöst ist. Vom Herd nehmen und die Mischung 4–5 Minuten weiterschlagen. Die Butter esslöffelweise zufügen und weiterrühren, bis sich weiße Spitzen bilden. Triple Sec, Limettenabrieb und 2 Tropfen Lebensmittelfarbe vorsichtig unterheben.

5. Die Glasur in einen Spritzbeutel mit Sterntülle füllen und gleichmäßig auf die Cupcakes spritzen.

Profi-Tipp

Für eine alkoholfreie Version
ersetzen Sie den Tequila durch
3 Esslöffel Limettensaft und anstelle
des Triple Sec verrühren Sie die
Glasur mit 4 Esslöffeln Orangensaft.

Piña-Colada-Cupcakes

Ergibt 12

200 g Mehl

1½ TL Backpulver

¼ TL Salz

125 g weiche Butter

200 g Feinstzucker

2 Eier, Größe L

2 EL weißer Rum

125 ml Milch

85 g Ananas aus der Dose, abgetropft und mit einer Gabel zerdrückt

60 g Kokosraspel, geröstet

12 Cocktailschirmchen, zum Dekorieren

Glasur

4 Eiweiß von Eiern in Größe L

200 g Puderzucker

¼ TL Weinsteinbackpulver

einige Tropfen Kokosaroma

2 EL Kokoscreme

1. Den Backofen auf 180 °C vorheizen und ein Cupcake-Backblech mit 12 Mulden mit Papierförmchen auslegen.

2. Mehl, Backpulver und Salz in einer Schüssel vermengen. Butter und Zucker in einer weiteren Schüssel hell und schaumig schlagen. Die Eier unter ständigem Rühren nacheinander zufügen. Die Hälfte der Mehlmischung und die Milch unterrühren. Die restliche Mehlmischung dazugeben, unterrühren und die Ananas einrühren.

3. Den Teig in die vorbereiteten Papierförmchen füllen und im vorgeheizten Ofen 20 Minuten backen, bis die Cupcakes aufgegangen und goldbraun sind. 1–2 Minuten in der Form abkühlen lassen, dann zum vollständigen Auskühlen aus der Form nehmen und auf ein Kuchengitter heben.

4. Für die Glasur Eiweiß, Puderzucker und Weinsteinbackpulver in eine hitzebeständige Schüssel geben, über einen Topf mit köchelndem Wasser setzen und schlagen, bis der Zucker vollständig aufgelöst ist. Vom Herd nehmen und 4–5 Minuten weiterschlagen, bis sich weiße Spitzen bilden. Kokosaroma und Kokoscreme vorsichtig unter die Mischung heben. Die Glasur in einen Spritzbeutel mit Sterntülle füllen und gleichmäßig auf die Cupcakes spritzen.

5. Die Cupcakes mit den gerösteten Kokosraspeln bestreuen und mit den Cocktailschirmchen dekorieren.

4

5

5

Cosmopolitan-Cupcakes

Ergibt 12

200 g Mehl

1½ TL Backpulver

¼ TL Salz

125 g weiche Butter

200 g Feinstzucker

einige Tropfen Vanillearoma

2 Eier, Größe L

1 EL Limettensaft

fein abgeriebene Schale
von 1 Limette

2 EL Wodka mit Cranberryaroma

1 EL Triple Sec

4 EL Milch

Lebensmittelfarbe in Rosa

Glasur

125 g weiche Butter

250 g Puderzucker,
bei Bedarf etwas mehr

2 EL Wodka mit Cranberryaroma

einige Tropfen Vanillearoma

Lebensmittelfarbe in Rosa

Zum Dekorieren

Dekorzucker in Rosa

120 g Marzipan

Lebensmittelfarbe in Grün

Zuckerschrift in Schwarz

12 Cocktailschirmchen

1. Den Backofen auf 180 °C vorheizen und ein Cupcake-Backblech mit 12 Mulden mit Papierförmchen auslegen.

2. Mehl, Backpulver und Salz in einer Schüssel vermengen. Butter und Zucker in einer weiteren Schüssel hell und schaumig schlagen. Das Vanillearoma zugeben und die Eier unter ständigem Rühren nacheinander zufügen. Limettensaft, -abrieb, Wodka, Triple Sec, Milch und die Hälfte der Mehlmischung sorgfältig unterrühren. Die restliche Mehlmischung einrühren. Einige Tropfen Lebensmittelfarbe unterrühren, bis der Teig gleichmäßig eingefärbt ist.

3. Den Teig auf die Papierförmchen verteilen und 20 Minuten im vorgeheizten Ofen backen, bis die Cupcakes aufgegangen sind und ein in die Mitte gestochener Holzspieß sauber wieder herausgezogen werden kann. 1–2 Minuten in der Form abkühlen lassen. Zum vollständigen Auskühlen aus der Form nehmen und auf ein Kuchengitter heben.

4. Für die Glasur die Butter in eine Schüssel geben und mit dem Mixer cremig rühren. Puderzucker, Wodka und Vanillearoma zufügen und so lange schlagen, bis eine glatte Masse entsteht. Falls nötig, mehr Puderzucker zufügen, um die gewünschte Konsistenz zu erhalten. Einige Tropfen Lebensmittelfarbe zugeben und rühren, bis die Glasur gleichmäßig eingefärbt ist.

5. Die Glasur in einen Spritzbeutel mit Sterntülle füllen. Auf die Cupcakes spritzen und den Dekorzucker darüberstreuen.

6. Für die Deko-Limettenspalten das Marzipan halbieren und einige Tropfen grüne Lebensmittelfarbe unter eine Hälfte kneten. Gegebenenfalls mehr Lebensmittelfarbe hinzufügen, um ein kräftigeres Grün zu erhalten. Hieraus soll die Limettenschale geformt werden. Dann einige Tropfen Lebensmittelfarbe unter das restliche Marzipan kneten. Aus dieser Masse soll im nächsten Schritt das Fruchtfleisch der Limetten geformt werden, daher sollte es heller sein als die Schale.

7. Beide Marzipanhälften in je 12 gleich große Stücke teilen. Aus einem hellen Marzipanstück einen Halbkreis mit einer Dicke von 5 mm formen. Diesen an der flachen Seite nach vorn hin leicht zusammendrücken, um eine Limettenspalte zu formen. Dann ein Stück dunkles Marzipan zurechtformen und außen an den Halb-kreis drücken, um die Limettenschale zu formen. Auf diese Weise insgesamt 12 Limettenspalten formen. Mit der Zuckerschrift Linien auf die Limettenspalten malen, um sie noch echter erscheinen zu lassen. Zum Trocknen beiseitestellen.

8. Zum Servieren die Cupcakes mit jeweils 1 Limettenspalte dekorieren und 1 Cocktailschirmchen in jeden Cupcake stecken.

5

6

8

Profi-Tipp

Für eine alkoholfreie Variante
nehmen Sie anstelle des Wodkas
mit Cranberryaroma Cranberrysaft
und ersetzen Sie den Triple Sec
durch Orangensaft. Für die Glasur
nehmen Sie statt Wodka ebenfalls
Cranberrysaft.

Irish-Cream-Cupcakes

Ergibt 12

125 g Mehl

60 g Kakaopulver

1½ TL Backpulver

¼ TL Salz

125 g weiche Butter

200 g Feinstzucker

einige Tropfen Vanillearoma

2 Eier, Größe L

125 g Sahne

40 g Schokoladentröpfchen, plus
etwas mehr zum Dekorieren

Glasur

60 g weiche Butter

250 g Puderzucker, bei Bedarf
etwas mehr

2 EL Milch

3 EL Irish-Cream-Likör

einige Tropfen Vanillearoma

Schokoladensauce

60 g Vollmilchschokolade, in Stücken

4 EL Sahne

15 g weiche Butter

1 Prise Salz

1. Den Backofen auf 180 °C vorheizen und ein Cupcake-Backblech mit 12 Mulden mit Papierförmchen auslegen.

2. Mehl, Kakaopulver, Backpulver und Salz in einer Schüssel vermengen. Butter und Zucker in einer weiteren Schüssel hell und schaumig schlagen. Das Vanillearoma zugeben und die Eier unter ständigem Rühren nacheinander zufügen. Die Hälfte der Mehlmischung und die Sahne unterrühren. Dann die restliche Mehlmischung einarbeiten. Zum Schluss die Schokoladentröpfchen unterheben.

3. Den Teig auf die Papierförmchen verteilen und 20 Minuten im vorgeheizten Ofen backen, bis die Cupcakes aufgegangen sind und ein in die Mitte gestochener Holzspieß sauber wieder herausgezogen werden kann. 1–2 Minuten in der Form abkühlen lassen, dann zum vollständigen Auskühlen aus der Form nehmen und auf ein Kuchengitter heben.

4. Für die Glasur die Butter in eine Schüssel geben und mit dem Mixer cremig rühren. Puderzucker, Milch, Likör und Vanillearoma zufügen und rühren, bis eine glatte Masse entsteht. Falls nötig, mehr Puderzucker zufügen, um die gewünschte Konsistenz zu erhalten. Die Glasur in einen Spritzbeutel mit Sterntülle füllen und gleichmäßig auf die Cupcakes spritzen.

5. Für die Schokoladensauce alle Zutaten in eine hitzebeständige Schüssel geben und über einem Wasserbad schmelzen, dabei immer wieder rühren. Die Sauce zum Abkühlen mindestens 15 Minuten beiseitestellen. Vor dem Servieren erst die Schokoladensauce über die Cupcakes träufeln, dann die Schokoladentröpfchen darüberstreuen.

Profi-Tipp

Wenn Sie es extrasüß mögen, dann ersetzen Sie die dunklen Schokoladentröpfchen durch weiße und rühren Sie etwas Irish-Cream-Likör in die Glasur.

Schoko-Bier-Cupcakes

Ergibt 12

125 g Mehl

60 g Kakaopulver

1½ TL Backpulver

¼ TL Salz

125 g weiche Butter

200 g Feinstzucker

einige Tropfen Vanillearoma

2 Eier, Größe L

125 ml Starkbier

Glasur

3 Eiweiß von Eiern in Größe L

160 g Rohrzucker

160 g weiche Butter

einige Tropfen Vanillearoma

Zum Dekorieren

60 g Rollfondant in Grün

Puderzucker, zum Bestäuben

Dekorzucker in Gelb

1. Den Backofen auf 180 °C vorheizen und ein Cupcake-Backblech mit 12 Mulden mit Papierförmchen auslegen.

2. Mehl, Kakaopulver, Backpulver und Salz in einer Schüssel vermengen. Butter und Feinstzucker in einer zweiten Schüssel mit dem Mixer hell und schaumig schlagen. Das Vanillearoma zugeben und die Eier unter ständigem Rühren nacheinander zufügen. Die Hälfte der Mehlmischung und das Bier einrühren, dann die restliche Mehlmischung.

3. Den Teig auf die Papierförmchen verteilen und 20 Minuten im vorgeheizten Ofen backen, bis die Cupcakes aufgegangen sind und ein in die Mitte gestochener Holzspieß sauber wieder herausgezogen werden kann. 1–2 Minuten in der Form abkühlen lassen, zum vollständigen Auskühlen aus der Form nehmen und auf ein Kuchengitter heben.

4. Für die Glasur Eiweiß und Rohrzucker in eine hitzebeständige Schüssel geben, über einen Topf mit köchelndem Wasser setzen und schlagen, bis der Zucker vollständig aufgelöst ist. Vom Herd nehmen und 4–5 Minuten weiterschlagen. Die Butter esslöffelweise zufügen und rühren, bis sich weiße Spitzen bilden. Schließlich das Vanillearoma unterrühren. Die Glasur in einen Spritzbeutel mit Sterntülle füllen und gleichmäßig auf die Cupcakes spritzen.

5. Für die Kleeblätter den Rollfondant auf einer leicht mit Puderzucker bestäubten Arbeitsplatte 5 mm dick ausrollen. 12 Kleeblätter ausschneiden und zum Trocknen beiseitelegen.

6. Gelben Dekorzucker über die Cupcakes streuen und je 1 Kleeblatt aufdrücken.

Profi-Tipp

Für eine alkoholfreie Version ersetzen Sie das Starkbier durch Malzbier. Die Cupcakes bekommen dadurch einen süßlicheren Geschmack.

Limoncello-Cupcakes

Ergibt 12

200 g Mehl

1½ TL Backpulver

¼ TL Salz

125 g weiche Butter

200 g Feinstzucker

2 Eier, Größe L

fein abgeriebene Schale
von 1 Zitrone

4 EL Milch

Liebesperlen, zum Dekorieren

Glasur

3 Eiweiß von Eiern in Größe L

150 g Puderzucker

225 g weiche Butter

4 EL Limoncello (Zitronenlikör)

fein abgeriebene Schale
von 1 Zitrone

1. Den Backofen auf 180 °C vorheizen und ein Cupcake-Backblech mit 12 Mulden mit Papierförmchen auslegen.

2. Mehl, Backpulver und Salz in einer Schüssel vermengen. Butter und Zucker in einer weiteren Schüssel hell und schaumig schlagen. Die Eier unter ständigem Rühren nacheinander zufügen. Dann die Hälfte der Mehlmischung, Zitronenabrieb und -saft sowie Milch untermischen. Zum Schluss die restliche Mehlmischung einrühren.

3. Den Teig in die vorbereiteten Papierförmchen füllen und im vorgeheizten Ofen 20 Minuten backen, bis die Cupcakes aufgegangen und goldbraun sind. 1–2 Minuten in der Form abkühlen lassen, zum vollständigen Auskühlen aus der Form nehmen und auf ein Kuchengitter setzen.

4. Für die Glasur Eiweiß und Puderzucker in eine hitzebeständige Schüssel geben, über einen Topf mit köchelndem Wasser setzen und schlagen, bis der Zucker vollständig aufgelöst ist. Vom Herd nehmen und 4–5 Minuten weiterschlagen. Die Butter esslöffelweise zufügen und rühren, bis sich weiße Spitzen bilden. Limoncello und Zitronenabrieb vorsichtig unterheben.

5. Die Glasur in einen Spritzbeutel mit Sterntülle füllen, gleichmäßig auf die Cupcakes spritzen und mit Liebesperlen bestreuen.

3

4

5

Himbeer-Daiquiri-Cupcakes

Ergibt 12

200 g Mehl

1½ TL Backpulver

¼ TL Salz

125 g weiche Butter

200 g Feinstzucker

2 Eier, Größe L

125 ml Milch

2 EL Rum

fein abgeriebene Schale und
Saft von 1 Limette

Dekorzucker in Rosa

Füllung

350 g frische Himbeeren, püriert

50 g Feinstzucker

1 EL Speisestärke mit
2 EL Rum vermischt

Glasur

125 g weiche Butter

250 g Puderzucker, bei Bedarf
etwas mehr

einige Tropfen Himbeeraroma

2 EL Sahne

1 Prise Salz

1. Den Backofen auf 180 °C vorheizen und ein Cupcake-Backblech mit 12 Mulden mit Papierförmchen auslegen.

2. Mehl, Backpulver und Salz in einer Schüssel vermengen. Butter und Zucker in einer weiteren Schüssel hell und schaumig schlagen. Die Eier unter ständigem Rühren nacheinander zufügen. Dann die Hälfte der Mehlmischung, Milch, Rum, Limettenabrieb und -saft dazumixen. Zum Schluss die restliche Mehlmischung unterrühren.

3. Den Teig in die vorbereiteten Papierförmchen füllen und im vorgeheizten Ofen 20 Minuten backen, bis die Cupcakes aufgegangen und goldbraun sind. 1–2 Minuten in der Form abkühlen lassen, zum vollständigen Auskühlen aus der Form nehmen und auf ein Kuchengitter heben.

4. Für die Füllung Himbeerpüree und Zucker in einen Topf geben und unter häufigem Rühren zum Kochen bringen. Die Speisestärkemischung einrühren und 1–2 Minuten unter ständigem Rühren weiterkochen, bis die Mischung andickt. Den Topf vom Herd nehmen und die Füllung abkühlen lassen.

5. Für die Glasur die Butter mit einem Mixer cremig rühren. Die restlichen Zutaten mit 2 Esslöffeln Füllung so lange schlagen, bis eine glatte Masse entsteht. Falls nötig, mehr Puderzucker zufügen, um die gewünschte Konsistenz zu erhalten. Die Glasur in einen Spritzbeutel mit Sterntülle füllen.

6. Stechen Sie mit einem Apfelausstecher in jeden Cupcake ein Loch und geben Sie die Füllung hinein. Die Glasur auf die Cupcakes spritzen und den Dekorzucker darüberstreuen.

Apfel-Karamell-Cupcakes

Ergibt 12

200 g Mehl

1½ TL Backpulver

1 TL gemahlener Ingwer

1 TL Zimt

1 Msp. geriebene Muskatnuss

¼ TL Salz

125 g weiche Butter

200 g Feinstzucker

einige Tropfen Vanillearoma

2 Eier, Größe L

4 EL Apfelmus

2 EL Apfelsaft

2 EL Wodka mit Apfelaroma

Glasur

125 g weiche Butter

200 g brauner Zucker

100 g Sahne

1 Prise Salz

2 EL Wodka mit Apfelaroma

200 g Puderzucker, bei Bedarf etwas mehr

Marzipanäpfel

Lebensmittelfarbe in Grün

60 g Marzipan

30 g Rollfondant in Braun

1. Den Backofen auf 180 °C vorheizen und ein Cupcake-Backblech mit 12 Mulden mit Papierförmchen auslegen.

2. Mehl, Backpulver, Ingwer, Zimt, Muskatnuss und Salz in einer Schüssel vermengen. Butter und Feinstzucker in einer weiteren Schüssel schlagen, bis eine helle, schaumige Masse entsteht. Zuerst das Vanillearoma zugeben, dann die Eier unter ständigem Rühren nacheinander zufügen. Die Hälfte der Mehlmischung, Apfelmus, Apfelsaft und Wodka sorgfältig unterrühren. Dann die restliche Mehlmischung dazumischen.

3. Den Teig in die vorbereiteten Papierförmchen füllen und im vorgeheizten Ofen 20 Minuten backen, bis die Cupcakes aufgegangen und goldbraun sind. 1–2 Minuten in der Form abkühlen lassen, dann zum vollständigen Auskühlen aus der Form nehmen und auf ein Kuchengitter heben.

4. Für die Glasur die Butter in einem kleinen Topf auf mittlerer Stufe zerlassen, um eine Karamellsauce herzustellen. Zucker, Sahne und Salz zugeben und unter ständigem Rühren 4 Minuten köcheln lassen, bis der Zucker sich vollständig aufgelöst hat. Den Topf vom Herd nehmen, den Wodka einrühren und 30 Minuten abkühlen lassen.

5. Die Karamellsauce in eine Rührschüssel umfüllen, dabei 125 ml zum Dekorieren beiseitestellen. Den Puderzucker zur Karamellsauce in die Rührschüssel rühren. Falls nötig, mehr Puderzucker zufügen, um die gewünschte Konsistenz zu erhalten. Die Glasur in einen Spritzbeutel mit Sterntülle füllen und gleichmäßig auf die Cupcakes spritzen.

6. Für die Marzipanäpfel einige Tropfen grüne Lebensmittelfarbe zum Marzipan geben und kneten, bis alles gleichmäßig gefärbt ist. 12 gleich große Kugeln aus dem Marzipan formen und aus dem Fondant kleine Apfelstiele rollen. Jeweils 1 Stiel in jeden Apfel stecken, sodass es am Ende 12 kleine Marzipanäpfel sind. Zum Servieren die restliche Karamellsauce über die Cupcakes träufeln und je 1 Marzipanapfel auf die Spitze setzen.

4

Profi-Tipp
Servieren Sie die Cupcakes als Dessert – direkt aus dem Ofen mit frisch zubereiteter Karamellsauce und einer Kugel Vanilleeis anstelle der Glasur.

6

6

White-Russian-Cupcakes

Ergibt 12

200 g Mehl

1½ TL Backpulver

¼ TL Salz

125 g weiche Butter

200 g Feinstzucker

einige Tropfen Vanillearoma

2 Eier, Größe L

90 ml Milch

4 EL Kaffeelikör

Glasur

125 g weiche Butter

375 g Puderzucker, bei Bedarf
etwas mehr

einige Tropfen Vanillearoma

2 EL Wodka mit Vanillearoma

2 EL Kaffeelikör

2 EL Kakaopulver

1. Den Backofen auf 180 °C vorheizen und ein Cupcake-Backblech mit 12 Mulden mit Papierförmchen auslegen.

2. Mehl, Backpulver und Salz in einer Schüssel vermengen. Butter und Feinstzucker in eine weitere Schüssel geben und schlagen, bis eine helle, schaumige Masse entsteht. Das Vanillearoma zugeben, dann die Eier unter ständigem Rühren nacheinander zufügen. Die Hälfte der Mehlmischung, Milch und Likör zugeben und weiterrühren. Die restliche Mehlmischung sorgfältig untermischen.

3. Den Teig in die vorbereiteten Papierförmchen füllen und im vorgeheizten Ofen 20 Minuten backen, bis die Cupcakes aufgegangen und goldbraun sind. 1–2 Minuten in der Form abkühlen lassen, dann zum vollständigen Auskühlen aus der Form nehmen und auf ein Kuchengitter heben.

4. Für die Glasur Butter, Puderzucker und Vanillearoma in einer Schüssel cremig rühren. Die Hälfte der Glasur in eine zweite Schüssel füllen.

5. Den Wodka mit einer Hälfte der Glasur vermischen. Falls nötig, mehr Puderzucker zufügen, um die gewünschte Konsistenz zu erhalten. Die Wodka-Glasur in einen Spritzbeutel füllen.

6. Kaffeelikör und Kakaopulver unter die andere Hälfte der Glasur mischen. Falls nötig, mehr Puderzucker zufügen. Die Likör-Glasur in einen zweiten Spritzbeutel füllen.

7. Beide Spritzbeutel nebeneinander in einen großen Spritzbeutel mit Sterntülle geben. Die Glasur nun spiralförmig auf die Törtchen spritzen.

Profi-Tipp
Die Glasur erst bis zur Spitze des Spritzbeutels drücken, so fällt es leichter, sie gleichmäßig auf den Törtchen zu verteilen.

4

7

7

Malibu-Rum-Cupcakes

Ergibt 12

125 ml Cranberrysaft

2 EL Zucker

200 g Mehl

1½ TL Backpulver

¼ TL Salz

125 g weiche Butter

200 g Feinstzucker

2 Eier, Größe L

125 g Kokoscreme

2 EL weißer Rum

20 g getrocknete Cranberries, gehackt

Glasur

3 Eiweiß von Eiern in Größe L

150 g Puderzucker

225 g weiche Butter

3 EL weißer Rum

einige Tropfen Kokosaroma

Zum Dekorieren

40 g Kokosraspel

Lebensmittelfarbe in Rosa

12 Strohhalme

1. Den Backofen auf 180 °C vorheizen und ein Cupcake-Backblech mit 12 Mulden mit Papierförmchen auslegen.

2. Cranberrysaft und Zucker in einem kleinen Topf auf mittlerer Stufe zum Kochen bringen. 10 Minuten köcheln lassen, bis sich die Flüssigkeit auf 2 Esslöffel reduziert hat. Zum Abkühlen beiseitestellen.

3. Mehl, Backpulver und Salz in einer Schüssel vermengen. Butter und Zucker in einer weiteren Schüssel hell und schaumig schlagen. Die Eier unter ständigem Rühren nacheinander zufügen. Die Hälfte der Mehlmischung, Cranberrysaft, Kokoscreme und Rum sorgfältig unterrühren. Die restliche Mehlmischung und die Cranberries dazumischen.

4. Den Teig in die vorbereiteten Papierförmchen füllen und im vorgeheizten Ofen 20 Minuten backen, bis die Cupcakes aufgegangen und goldbraun sind. 1–2 Minuten in der Form abkühlen lassen, zum vollständigen Auskühlen aus der Form nehmen und auf ein Kuchengitter heben.

5. Für die Glasur Eiweiß und Puderzucker in eine hitzebeständige Schüssel geben, über einen Topf mit köchelndem Wasser setzen und schlagen, bis der Zucker vollständig aufgelöst ist. Vom Herd nehmen und 4–5 Minuten weiterschlagen. Die Butter esslöffelweise einrühren. Rum und Kokosaroma untermischen. Die Glasur in einen Spritzbeutel mit Sterntülle füllen und auf die Cupcakes spritzen.

6. Zum Dekorieren die Kokosraspeln mit einigen Tropfen Lebensmittelfarbe mischen, bis sie gleichmäßig eingefärbt sind. Über die Cupcakes streuen und jeweils 1 Strohhalm hineinstecken.

Profi-Tipp

Um die Kokosraspel gleichmäßig zu färben, geben Sie sie zusammen mit einigen Tropfen Lebensmittelfarbe in einen Gefrierbeutel und mischen Sie alles gründlich durch.

Erdbeer-Sekt-Cupcakes

Ergibt 12

200 g Mehl

1½ TL Backpulver

¼ TL Salz

125 g weiche Butter

200 g Feinstzucker

einige Tropfen Vanillearoma

2 Eier, Größe L

125 ml trockener Sekt

fein abgeriebene Schale
von 1 Orange

2 EL Orangensaft

Füllung

4 EL Wasser

2 EL Speisestärke

175 g Erdbeeren, gewürfelt

75 g Puderzucker

4 EL trockener Sekt

Glasur

125 g weiche Butter

450 g Puderzucker, bei Bedarf
etwas mehr

4 EL trockener Sekt

fein abgeriebene Schale
von 1 Orange

2 EL Orangensaft

1 Prise Salz

1. Den Backofen auf 180 °C vorheizen und ein Cupcake-Backblech mit 12 Mulden mit Papierförmchen auslegen.

2. Mehl, Backpulver und Salz in einer Schüssel vermengen. Butter und Feinstzucker in einer weiteren Schüssel hell und schaumig schlagen. Das Vanillearoma zugeben, dann die Eier unter ständigem Rühren nacheinander zufügen. Die Hälfte der Mehlmischung und den Sekt unterrühren. Die restliche Mehlmischung, Orangenabrieb und -saft einarbeiten.

3. Den Teig in die vorbereiteten Papierförmchen füllen und im vorgeheizten Ofen 20 Minuten backen, bis die Cupcakes aufgegangen und goldbraun sind. 1–2 Minuten in der Form abkühlen lassen, dann zum vollständigen Auskühlen aus der Form nehmen und auf ein Kuchengitter heben.

4. Für die Füllung Wasser und Speisestärke in einen Topf geben und unter ständigem Rühren zum Kochen bringen. Erdbeeren und Puderzucker dazugeben, die Hitze reduzieren und weiterrühren. Etwa 5 Minuten köcheln lassen, bis die Mischung andickt. Dann den Sekt einrühren und 3–5 Minuten weiterköcheln, bis die Mischung ausreichend angedickt ist. Zum Abkühlen beiseitestellen.

5. Für die Glasur Butter, Puderzucker, Sekt, Orangenabrieb, -saft und Salz in eine Schüssel geben und mit dem Mixer rühren, bis eine cremige Masse entsteht. Falls nötig, mehr Puderzucker zufügen, um die gewünschte Konsistenz zu erhalten. Die Glasur in einen Spritzbeutel mit Sterntülle füllen.

Deko-Orangen

120 g Marzipan
Lebensmittelfarbe in Rot
Lebensmittelfarbe in Gelb
Zuckerschrift in Orange
Dekorzucker in Rosa

6. Für die Deko-Orangen das Marzipan halbieren. Einige Tropfen rote und gelbe Lebensmittelfarbe in eine Hälfte des Marzipans einkneten, bis es gleichmäßig orange gefärbt ist. Gegebenenfalls mehr Farbe zufügen, um ein kräftiges Orange zu erhalten. Hieraus soll die Schale der Marzipanorangen entstehen. Dann etwas weniger Tropfen gelbe und rote Lebensmittelfarbe unter das restliche Marzipan kneten. Aus dieser Masse wird im nächsten Schritt das Fruchtfleisch geformt.

7. Beide Marzipanhälften in je 12 gleiche Stücke teilen. Aus dem hellen Marzipan 5 mm dicke Halbkreise bilden. Diese an der flachen Seite nach vorn hin leicht zusammendrücken, um die Form einer Orangenspalte zu erhalten. Dann das dunkle Marzipan ausrollen und außen an die Halbkreise drücken, um so die Orangenschale zu formen. Insgesamt 12 Orangenspalten formen. Mit der Zuckerschrift in Orange Linien auf die Orangenspalten malen, um sie noch echter erscheinen zu lassen. Die Marzipanorangen zum Trocknen beiseitestellen.

8. Mit einem Apfelausstecher ein Loch in die Mitte der Cupcakes machen und die Erdbeerfüllung hineingeben. Dann die Glasur auf die Cupcakes spritzen, mit Dekorzucker bestreuen und jeweils 1 Marzipanorangenspalte drauflegen.

4

Profi-Tipp

Für eine alkoholfreie Variante ersetzen Sie in Cupcake-Teig, Füllung und Glasur den Sekt durch Orangenlimonade und lassen Sie Orangensaft und -schale weg.

8

8

44

Saftige Cola-Cupcakes

Ergibt 12

200 g Mehl

1½ TL Backpulver

¼ TL Salz

125 g weiche Butter

150 g Feinstzucker

100 g brauner Zucker

einige Tropfen Vanillearoma

2 Eier, Größe L

125 ml Colasirup

4 EL Schmand

Glasur

125 g weiche Butter

200 g brauner Zucker

6 EL Sahne

½ TL Salz

200 g Puderzucker, bei Bedarf etwas mehr

1. Den Backofen auf 180 °C vorheizen und ein Cupcake-Backblech mit 12 Mulden mit Papierförmchen auslegen.

2. Mehl, Backpulver und Salz in einer Schüssel vermengen. Butter, Feinstzucker und braunen Zucker in einer weiteren Schüssel hell und schaumig schlagen. Das Vanillearoma zugeben, dann die Eier unter ständigem Rühren nacheinander zufügen. Die Hälfte der Mehlmischung, Colasirup und Schmand unterrühren. Die restliche Mehlmischung dazumischen.

3. Den Teig auf die Papierförmchen verteilen und 20 Minuten im vorgeheizten Ofen backen, bis die Cupcakes aufgegangen sind und ein in die Mitte gestochener Holzspieß sauber wieder herausgezogen werden kann. 1–2 Minuten in der Form abkühlen lassen, dann zum vollständigen Auskühlen aus der Form nehmen und auf ein Kuchengitter heben.

4. Für die Glasur die Butter in einem kleinen Topf auf mittlerer Stufe zerlassen, um eine Karamellsauce herzustellen. Zucker, Sahne und Salz zugeben und unter ständigem Rühren 4 Minuten köcheln lassen, bis der Zucker vollständig aufgelöst ist. Den Topf vom Herd nehmen und 30 Minuten abkühlen lassen.

5. Die Karamellsauce in eine Schüssel füllen und den Puderzucker unterrühren. Falls nötig, mehr Puderzucker zufügen, um die gewünschte Konsistenz zu erhalten. Die Karamellsauce in einen Spritzbeutel mit Sterntülle füllen und gleichmäßig auf die Cupcakes spritzen.

Profi-Tipp

Fühlen Sie sich wie in einem amerikanischen Diner, indem Sie noch eine Cocktailkirsche auf jeden Cupcake setzen und blaue, rote und weiße Strohhalme hineinstecken.

Vanille-Chai-Tee-Cupcakes

Ergibt 12

125 ml Milch

3 Teebeutel Chai-Tee

200 g Mehl

1½ TL Backpulver

je ¼ TL Zimt, Ingwer, Muskatnuss und Piment, alles gemahlen und vermischt

¼ TL Salz

125 g weiche Butter

200 g Feinstzucker

einige Tropfen Vanillearoma

2 Eier, Größe L

1 TL gemahlener Zimt mit 1 TL Zucker vermischt, zum Dekorieren

Glasur

3 Eiweiß von Eiern in Größe L

150 g Zucker

225 g weiche Butter

einige Tropfen Vanillearoma

1 TL Zimt

1. Den Backofen auf 180 °C vorheizen und ein Cupcake-Backblech mit 12 Mulden mit Papierförmchen auslegen.

2. Die Milch in einem kleinen Topf erhitzen, bis sie gerade anfängt zu kochen. Die Teebeutel in die Milch geben, den Topf vom Herd nehmen und 15 Minuten ziehen lassen. Die Teebeutel herausnehmen und entsorgen. Die Milch vollständig abkühlen lassen.

3. Mehl, Backpulver, Gewürzmischung und Salz in einer Schüssel vermengen. Butter und Zucker in einer weiteren Schüssel hell und schaumig schlagen. Das Vanillearoma zugeben und die Eier unter ständigem Rühren nacheinander zufügen. Die Hälfte der Mehlmischung und die Milch unterrühren. Dann die restliche Mehlmischung dazugeben.

4. Den Teig in die vorbereiteten Papierförmchen füllen und im vorgeheizten Ofen 20 Minuten backen, bis die Cupcakes aufgegangen und goldbraun sind. 1–2 Minuten in der Form abkühlen lassen, dann zum vollständigen Auskühlen aus der Form nehmen und auf ein Kuchengitter setzen.

5. Für die Glasur Eiweiß und Puderzucker in eine hitzebeständige Schüssel geben, über einen Topf mit köchelndem Wasser setzen und schlagen, bis der Zucker vollständig aufgelöst ist. Vom Herd nehmen und 4–5 Minuten weiterschlagen. Die Butter esslöffelweise zufügen und weiterrühren, bis sich weiße Spitzen bilden. Vanillearoma und Zimt unterrühren. Die Glasur in einen Spritzbeutel mit Sterntülle füllen und gleichmäßig auf die Cupcakes spritzen.

6. Zum Dekorieren die Zimt-Zucker-Mischung über die Cupcakes streuen.

2

5

6

Rosa Zitronen-Cupcakes

Ergibt 10

110 g Mehl

1¼ TL Backpulver

125 g weiche Butter

115 g Feinstzucker

2 Eier

Lebensmittelfarbe in Rosa

50 g Zucker

Saft von 1 Zitrone

rosa, weiße und rote Zuckerstreusel
und 10 rosafarbene Strohhalme,
zum Dekorieren

Glasur

125 g weiche Butter

fein abgeriebene Schale und
Saft von 1 Zitrone

4 EL Sahne

225 g Puderzucker

Lebensmittelfarbe in Rosa

1. Den Backofen auf 180 °C vorheizen und ein Cupcake-Backblech mit 10 Mulden mit Papierförmchen auslegen.

2. Mehl und Backpulver in einer Schüssel verrühren. Butter und Zucker in einer weiteren Schüssel hell und schaumig schlagen. Die Eier unter ständigem Rühren nacheinander zufügen. Dann die Hälfte der Mehlmischung und einige Tropfen Lebensmittelfarbe sorgfältig unterrühren. Die restliche Mehlmischung dazumischen.

3. Den Teig in die vorbereiteten Papierförmchen füllen und im vorgeheizten Ofen 20 Minuten backen, bis die Cupcakes aufgegangen und goldbraun sind. Zum Abkühlen noch eine Weile im Blech lassen.

4. Inzwischen Zucker und Zitronensaft in einem Topf auf mittlerer Stufe erhitzen und rühren, bis der Zucker sich aufgelöst hat. Mit einem Spieß einige Male von oben in die warmen Cupcakes stechen und mit dem Zitronensirup beträufeln. Zum vollständigen Auskühlen auf ein Kuchengitter heben.

5. Für die Glasur Butter, Zitronenabrieb, Zitronensaft, Sahne und Puderzucker in eine Schüssel geben und mit dem Mixer cremig rühren. Einige Tropfen Lebensmittelfarbe unterrühren, bis die Glasur gleichmäßig eingefärbt ist.

6. Die Glasur mithilfe eines Palettenmessers auf die obere Hälfte der Cupcakes streichen. Die Zuckerstreusel auf einen Teller geben und die Cupcakes mit dem Rand der Glasur vorsichtig durch die Streusel rollen. Zum Dekorieren in jeden Cupcake 1 Strohhalm stecken.

Profi-Tipp

Für Extraspaß ersetzen Sie die Zuckerstreusel durch knisternde Zuckerware mit Erdbeergeschmack.

6

6

6

KAPITEL 2
VIEL
GESCHMACK

Ahornsirup-Speck-Cupcakes

Ergibt 12

200 g Mehl

1½ TL Backpulver

¼ TL Salz

125 g weiche Butter

100 g Feinstzucker

125 ml Ahornsirup

einige Tropfen Vanillearoma

2 Eier, Größe L

125 ml Milch

Karamell-Speck

8 Scheiben Frühstücksspeck

155 g Rohrzucker

Glasur

4 Eiweiß von Eiern in Größe L

200 g Zucker

¼ TL Weinsteinbackpulver

2 EL Ahornsirup

einige Tropfen Ahornsiruparoma

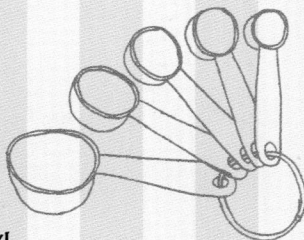

1. Den Backofen auf 180 °C vorheizen und ein Cupcake-Backblech mit 12 Mulden mit Papierförmchen auslegen.

2. Für den Karamell-Speck ein Backblech mit Backpapier belegen. Den Speck darauflegen und mit dem Zucker bestreuen. Wenden und auf der anderen Seite bestreuen. Im vorgeheizten Ofen 25–30 Minuten backen, bis der Speck braun und knusprig ist. Herausholen, aber den Ofen nicht ausschalten. Den Speck auf Küchenpapier legen. 4 Scheiben zum Dekorieren beiseitelegen, die restlichen zerkrümeln.

3. Mehl, Backpulver und Salz in einer Schüssel vermengen. Butter und Feinstzucker in einer weiteren Schüssel hell und schaumig schlagen. Zuerst Ahornsirup und Vanillearoma zugeben, dann unter ständigem Rühren die Eier einzeln zufügen. Die Mehlmischung und die Milch unterrühren. Dann die Speckbrösel vorsichtig unterheben.

4. Den Teig in die vorbereiteten Papierförmchen füllen und im vorgeheizten Ofen 20 Minuten backen, bis die Cupcakes aufgegangen und goldbraun sind. 1–2 Minuten abkühlen lassen, dann zum vollständigen Auskühlen aus der Form nehmen und auf ein Kuchengitter setzen.

5. Für die Glasur Eiweiß, Zucker und Backpulver in eine hitzebeständige Schüssel geben, über einen Topf mit köchelndem Wasser setzen und schlagen, bis der Zucker vollständig aufgelöst ist. Vom Herd nehmen und 4–5 Minuten weiterschlagen. Dann Ahornsirup und -aroma unterrühren. Die Glasur in einen Spritzbeutel mit Sterntülle füllen und gleichmäßig auf die Cupcakes spritzen Die aufbewahrten Speckscheiben in 12 gleich große Stücke brechen und je 1 Stück in jeden Cupcake stecken.

4

5

5

Schokokeks-Cupcakes

Ergibt 12

250 g fertiger Plätzchenteig
mit Schokolade

200 g Mehl

1½ TL Backpulver

¼ TL Salz

125 g weiche Butter

50 g Feinstzucker

100 g Rohrzucker

einige Tropfen Vanillearoma

2 Eier, Größe L

125 ml Milch

50 g Schokoladentröpfchen,
zum Dekorieren

Glasur

3 Eiweiß von Eiern in Größe L

160 g Rohrzucker

160 g weiche Butter

einige Tropfen Vanillearoma

1. Den Backofen auf 190 °C vorheizen und ein Cupcake-Backblech mit 12 Mulden mit Papierförmchen auslegen.

2. Den Fertigteig in 12 gleich große Stücke teilen, zu Kugeln rollen, auf die Papierförmchen verteilen und flach drücken. Im vorgeheizten Ofen 8–10 Minuten backen, bis sie leicht braun werden. Das Backblech aus dem Ofen nehmen und die Temperatur auf 180 °C reduzieren.

3. Mehl, Backpulver und Salz in einer Schüssel vermengen. Butter, Feinstzucker und Rohrucker in einer weiteren Schüssel hell und schaumig schlagen. Das Vanillearoma zugeben und die Eier unter ständigem Rühren nacheinander zufügen. Die Hälfte der Mehlmischung und die Milch untermischen. Zum Schluss die restliche Mehlmischung einrühren.

4. Den Teig auf die Papierförmchen verteilen und 20 Minuten im vorgeheizten Ofen backen, bis die Cupcakes aufgegangen sind und ein in die Mitte gestochener Holzspieß sauber wieder herausgezogen werden kann. 1–2 Minuten in der Form abkühlen lassen, dann zum vollständigen Auskühlen aus der Form nehmen und auf ein Kuchengitter setzen.

5. Für die Glasur Eiweiß und Rohrzucker in eine hitzebeständige Schüssel geben, über einen Topf mit köchelndem Wasser setzen und schlagen, bis der Zucker vollständig aufgelöst ist. Vom Herd nehmen und 4–5 Minuten weiterschlagen. Die Butter esslöffelweise zufügen und weiterrühren, bis sich weiße Spitzen bilden. Das Vanillearoma einrühren. Die Glasur in einen Spritzbeutel mit Sterntülle füllen und gleichmäßig auf die Cupcakes spritzen.

Profi-Tipp

Anstelle des Fertigteigs können
Sie auch einen fertigen Keks in
die Papierförmchen legen. Dann
entfällt der erste Backvorgang.

Zitronen-Baiser-Cupcakes in Rosa

Ergibt 12

200 g Mehl

1½ TL Backpulver

¼ TL Salz

125 g weiche Butter

200 g Feinstzucker

einige Tropfen Vanillearoma

2 Eier, Größe L

fein abgeriebene Schale und Saft von 1 Zitrone

4 EL Milch

Lebensmittelfarbe in Rosa

Füllung

225 ml Lemon Curd

125 g geschlagene Sahne

Glasur

4 Eiweiß von Eiern in Größe L

200 g Zucker

¼ TL Weinsteinbackpulver

1 EL Zitronensaft

einige Tropfen Zitrusaroma

Lebensmittelfarbe in Rosa

1. Den Backofen auf 180 °C vorheizen und ein Cupcake-Backblech mit 12 Mulden mit Papierförmchen auslegen.

2. Mehl, Backpulver und Salz in einer Schüssel vermengen. Butter und Feinstzucker in einer weiteren Schüssel hell und schaumig schlagen. Das Vanillearoma zugeben, dann unter ständigem Rühren die Eier einzeln zufügen. Mehlmischung, Zitronenabrieb, -saft, und Milch sorgfältig untermischen. Einige Tropfen Lebensmittelfarbe in den Teig mixen, bis er gleichmäßig eingefärbt ist.

3. Den Teig in die vorbereiteten Papierförmchen füllen und im Ofen 20 Minuten backen, bis die Cupcakes aufgegangen und goldbraun sind. 1–2 Minuten abkühlen lassen, zum vollständigen Auskühlen aus der Form nehmen und auf ein Kuchengitter setzen.

4. Für die Füllung das Lemon Curd vorsichtig unter die geschlagene Sahne heben. Die Zitronensahne bis zur Weiterverwendung in den Kühlschrank stellen.

5. Mit einem Apfelausstecher ein Loch in jeden Cupcake stechen und die Füllung dort hineingeben.

6. Für die Glasur Eiweiß, Zucker und Backpulver in eine hitzebeständige Schüssel geben, über einen Topf mit köchelndem Wasser setzen und schlagen, bis der Zucker vollständig aufgelöst ist. Vom Herd nehmen und 4–5 Minuten weiterschlagen, bis der Schnee steif wird und sich weiße Spitzen bilden. Zitronensaft, Zitrusaroma und einige Tropfen Lebensmittelfarbe unter die Glasur mischen.

7. Die Glasur in einen Spritzbeutel mit großer Lochtülle füllen und gleichmäßig auf die Cupcakes spritzen.

Luftige Lebkuchen-Cupcakes

Ergibt 12

200 g Mehl

1½ TL Backpulver

2 TL gemahlener Ingwer

1 TL Zimt

¼ TL Piment

¼ TL geriebene Muskatnuss

¼ TL Salz

125 g weiche Butter

110 g brauner Zucker

einige Tropfen Vanillearoma

2 Eier, Größe L

160 g Melasse

125 ml Milch

60 g Rollfondant in Braun

Zuckerschrift in Schwarz

Puderzucker, zum Bestäuben

Glasur

175 g Frischkäse

60 g weiche Butter

500 g Puderzucker, bei Bedarf
etwas mehr

1 TL gemahlener Ingwer

fein abgeriebene Schale
von 1 Zitrone

2 EL Zitronensaft

1 Prise Salz

1. Den Backofen auf 180 °C vorheizen und ein Cupcake-Backblech mit 12 Mulden mit Papierförmchen auslegen.

2. Mehl, Backpulver, Ingwer, Zimt, Piment, Muskatnuss und Salz in einer Schüssel vermengen. Butter und braunen Zucker in einer weiteren Schüssel hell und schaumig schlagen. Das Vanillearoma zugeben und die Eier unter ständigem Rühren nacheinander zufügen. Die Hälfte der Mehlmischung und die Melasse sorgfältig untermischen. Dann die restliche Mehlmischung einrühren.

3. Den Teig auf die Papierförmchen verteilen und 20 Minuten im vorgeheizten Ofen backen, bis die Cupcakes aufgegangen sind und ein in die Mitte gestochener Holzspieß sauber wieder herausgezogen werden kann. 1–2 Minuten abkühlen lassen, dann zum vollständigen Auskühlen aus der Form nehmen und auf ein Kuchengitter setzen.

4. Für die Glasur Frischkäse, Butter, Puderzucker, Ingwer, Zitronenabrieb und -saft sowie Salz in eine Schüssel geben und mit dem Mixer sorgfältig mischen. Falls nötig, mehr Puderzucker zufügen, um die gewünschte Konsistenz zu erhalten. Die Glasur in einen Spritzbeutel mit mittelgroßer Sterntülle füllen und gleichmäßig auf die Cupcakes spritzen.

5. Für die Lebkuchenmänner etwas Puderzucker auf eine Arbeitsplatte streuen, den Rollfondant daraufgeben und 5 mm dick ausrollen. 12 Mini-Lebkuchenmänner ausstechen und zum Trocknen auf Backpapier legen. Sobald sie trocken sind, mit Zuckerschrift Gesicht, Hemd, Hose und Knöpfe aufmalen. Zum Servieren jeweils 1 Lebkuchenmann aufrecht in jeden Cupcake stecken.

Schoko-Cupcakes mit Rosa Pfeffer

Ergibt 12

125 g Mehl

60 g Kakaopulver

1 TL Backpulver

¼ TL Salz

125 g weiche Butter

200 g Feinstzucker

einige Tropfen Vanillearoma

2 Eier, Größe L

125 ml Schmand

1 EL zerkleinerte rosa Pfefferkörner, zum Dekorieren

Glasur

4 EL Milch

1 EL zerstoßene rosa Pfefferkörner

125 g weiche Butter

250 g Puderzucker, bei Bedarf etwas mehr

einige Tropfen Vanillearoma

1. Den Backofen auf 180 °C vorheizen und ein Cupcake-Backblech mit 12 Mulden mit Papierförmchen auslegen.

2. Mehl, Kakaopulver, Backpulver und Salz in einer Schüssel vermengen. Butter und Feinstzucker in einer weiteren Schüssel hell und schaumig schlagen. Das Vanillearoma zugeben und die Eier unter ständigem Rühren nacheinander zufügen. Die Hälfte der Mehlmischung und den Schmand unterrühren. Dann die restliche Mehlmischung einrühren.

3. Den Teig auf die Papierförmchen verteilen und 20 Minuten im vorgeheizten Ofen backen, bis die Cupcakes aufgegangen sind und ein in die Mitte gestochener Holzspieß sauber wieder herausgezogen werden kann. 1–2 Minuten abkühlen lassen, dann zum vollständigen Auskühlen aus der Form nehmen und auf ein Kuchengitter setzen.

4. Für die Glasur Milch und Pfefferkörner in einem kleinen Topf auf mittlerer Stufe zum Kochen bringen. Dann die Hitze reduzieren und unter häufigem Rühren etwa 5 Minuten köcheln lassen. Die Milch in eine Schüssel abseihen und etwa 10 Minuten abkühlen lassen. Die Pfefferkörner wegwerfen.

5. Butter, Puderzucker und Vanillearoma zur Milch geben und mit dem Mixer rühren, bis eine cremige Masse entsteht. Falls nötig, mehr Puderzucker zufügen, um die gewünschte Konsistenz zu erhalten. Die Glasur in einen Spritzbeutel mit Sterntülle füllen und gleichmäßig auf die Cupcakes spritzen.

6. Zum Dekorieren etwas rosa Pfeffer über die Cupcakes streuen.

Profi-Tipp

Falls Sie keinen Mörser haben, geben Sie die Pfefferkörner in einen Gefrierbeutel und zerdrücken Sie sie mit einer Teigrolle.

4

5

6

63

Granatapfel-Grüntee-Cupcakes

Ergibt 12

200 g Mehl

1½ TL Backpulver

1 EL Grünteepulver

½ TL Salz

125 g weiche Butter

200 g Feinstzucker

einige Tropfen Vanillearoma

2 Eier, Größe L

4 EL Milch

Granatapfelkerne,
zum Dekorieren

Granatapfelsirup

475 ml Granatapfelsaft

100 g Feinstzucker

Glasur

125 g weiche Butter

300 g Puderzucker, bei Bedarf
etwas mehr

1. Für den Granatapfelsirup Granatapfelsaft und Zucker in einem Topf auf mittlerer Stufe zum Kochen bringen, dabei gelegentlich rühren, bis der Zucker aufgelöst ist. Die Hitze reduzieren und die Mischung köcheln lassen, bis sie auf etwa 125 ml eingekocht ist. Zum Abkühlen beiseitestellen.

2. Den Backofen auf 180 °C vorheizen und ein Cupcake-Backblech mit 12 Mulden mit Papierförmchen auslegen.

3. Mehl, Backpulver, Teepulver und Salz in einer Schüssel vermengen. Butter und Feinstzucker in einer weiteren Schüssel hell und schaumig schlagen. Das Vanillearoma zugeben und die Eier unter ständigem Rühren nacheinander zufügen. Die Hälfte der Mehlmischung, 4 Esslöffel Granatapfelsirup und Milch unterrühren. Dann die restliche Mehlmischung einrühren.

4. Den Teig auf die Papierförmchen verteilen und 20 Minuten im vorgeheizten Ofen backen, bis die Cupcakes aufgegangen sind und ein in die Mitte gestochener Holzspieß sauber wieder herausgezogen werden kann. 1–2 Minuten abkühlen lassen, dann zum vollständigen Auskühlen aus der Form nehmen und auf ein Kuchengitter setzen.

5. Für die Glasur Butter, Puderzucker und restlichen Granatapfelsirup in eine Schüssel geben und mit dem Mixer cremig rühren. Falls nötig, mehr Puderzucker zufügen, um die gewünschte Konsistenz zu erhalten. Die Glasur in einen Spritzbeutel mit Sterntülle füllen und gleichmäßig auf die Cupcakes spritzen.

6. Zum Dekorieren die Granatapfelkerne über die Cupcakes streuen.

Kaffee-Donut-Cupcakes

Ergibt 12

250 g Mehl

60 g Kakaopulver

2 TL Backpulver

¼ TL Salz

150 g weiche Butter, plus etwas mehr zum Einfetten

300 g Feinstzucker

1 EL Instant-Kaffeepulver

3 Eier, Größe L

125 ml starker Kaffee oder Espresso, abgekühlt

125 g Sahne

Glasur

3 Eiweiß von Eiern in Größe L

150 g Zucker

225 g weiche Butter

1 EL Instant-Kaffeepulver

Zum Dekorieren

225 g Vollmilchschokolade, in Stücken

2 EL Pflanzenöl

Liebesperlen

1. Den Backofen auf 180 °C vorheizen und ein Cupcake-Backblech mit 12 Mulden mit Papierförmchen auslegen. Eine Springform mit 24 cm Durchmesser einfetten. Ein Backblech mit Backpapier auslegen.

2. Mehl, Kakaopulver, Backpulver und Salz in einer Schüssel vermengen. Butter und Feinstzucker in einer weiteren Schüssel hell und schaumig schlagen. Dann das Kaffeepulver zugeben und die Eier unter ständigem Rühren nacheinander zufügen. Die Hälfte der Mehlmischung, Kaffee und Sahne unterrühren. Dann die restliche Mehlmischung einrühren.

3. Die Papierförmchen zur Hälfte mit Teig befüllen und den verbleibenden Teig gleichmäßig in der Springform verteilen. Beides im vorgeheizten Ofen 20 Minuten backen, bis ein hineingestochener Holzspieß sauber wieder herausgezogen werden kann. Der Kuchen wird wahrscheinlich einige Minuten länger im Ofen bleiben müssen als die Cupcakes. Die Cupcakes und den Kuchen 1–2 Minuten abkühlen lassen, dann zum vollständigen Auskühlen aus den Formen nehmen und auf Kuchengitter setzen.

4. Für die Glasur Eiweiß und Zucker in eine hitzebeständige Schüssel geben, über einen Topf mit köchelndem Wasser setzen und schlagen, bis der Zucker vollständig aufgelöst ist. Vom Herd nehmen und 4–5 Minuten weiterschlagen. Die Butter esslöffelweise zufügen und weiterrühren, bis sich weiße Spitzen bilden. Dann das Kaffeepulver unterheben. Die Glasur in einen Spritzbeutel mit Sterntülle füllen und bis zum Servieren im Kühlschrank aufbewahren.

5. Aus dem Kuchen 6 kleine Kreise von 5 cm Durchmesser ausstechen und diese 30 Minuten in den Kühlschrank legen. Die Kuchenkreise horizontal durchschneiden, sodass man 12 Kuchenkreise mit einer Dicke von 2 cm erhält. Mit einem Apfel-ausstecher in jeden Kreis mittig ein Loch stechen.

6. Zum Dekorieren Schokolade und Öl in eine hitzebeständige Schüssel geben und über einem Wasserbad schmelzen, dabei immer wieder umrühren.

7. Die Kuchenkreise vollständig mit der Schokolade überziehen, auf das vorbereitete Backblech legen und sofort mit Liebesperlen bestreuen. Mit den restlichen Kuchen-kreisen ebenso verfahren. Die fertigen Mini-Donuts zum Abkühlen etwa 15 Minuten in den Kühlschrank stellen, bis die Schokolade getrocknet ist.

8. Zum Servieren die Papierförmchen entfernen und jeden Cupcake in eine kleine Kaffeetasse stellen. Die Glasur auf die Cupcakes spritzen und jeweils 1 Mini-Donut daraufstecken.

5

7

7

Profi-Tipp

Sie können die Mini-
Donuts mit jeder Schokoladen-
sorte Ihrer Wahl glasieren.

Chili-Schoko-Cupcakes

Ergibt 12

125 g Mehl

75 g Kakaopulver

1½ TL Backpulver

½ TL gemahlener Zimt

1 TL mildes Chilipulver

¼ TL Cayennepfeffer

¼ TL Salz

125 g weiche Butter

200 g Feinstzucker

einige Tropfen Vanillearoma

2 Eier, Größe L

125 ml Milch

100 g Vollmilchschokolade,
zum Dekorieren

Glasur

125 g weiche Butter

190 g Puderzucker, bei Bedarf
etwas mehr

40 g Kakaopulver

2 EL Milch

einige Tropfen Vanillearoma

1 TL gemahlener Zimt

1. Den Backofen auf 180°C vorheizen und ein Cupcake-Backblech mit 12 Mulden mit Papierförmchen auslegen.

2. Mehl, Kakaopulver, Backpulver, Zimt, Chilipulver, Cayennepfeffer und Salz in einer Schüssel vermengen. Butter und Feinstzucker in einer weiteren Schüssel hell und schaumig schlagen. Das Vanillearoma zugeben und die Eier unter ständigem Rühren nacheinander zufügen. Die Hälfte der Mehlmischung und die Milch sorgfältig untermischen. Dann die restliche Mehlmischung einrühren.

3. Den Teig auf die Papierförmchen verteilen und 20 Minuten im vorgeheizten Ofen backen, bis die Cupcakes aufgegangen sind und ein in die Mitte gestochener Holzspieß sauber wieder herausgezogen werden kann. 1–2 Minuten abkühlen lassen, dann zum vollständigen Auskühlen aus der Form nehmen und auf ein Kuchengitter setzen.

4. Für die Glasur die Butter in eine Schüssel geben und mit dem Mixer cremig rühren. Puderzucker, Kakaopulver, Milch, Vanillearoma und Zimt untermischen, bis eine cremige Masse entsteht. Falls nötig, mehr Puderzucker zufügen, um die gewünschte Konsistenz zu erhalten. Die Glasur in einen Spritzbeutel mit Sterntülle füllen und gleichmäßig auf die Cupcakes spritzen.

5. Zum Dekorieren etwas Schokolade über die Cupcakes reiben.

Mini-Baklava

Ergibt 12

200 g Mehl

1½ TL Backpulver

1 gestrichener TL Zimt

¼ TL Salz

125 g weiche Butter

125 ml flüssiger Honig

100 g Feinstzucker

einige Tropfen Vanillearoma

2 Eier, Größe L

125 ml Milch

30 g gehackte Walnüsse

30 g gehackte Pistazien

Honigsirup

125 ml flüssiger Honig

100 g Feinstzucker

4 EL Wasser

1 großes Stück Orangen-
schale (1 cm x 7,5 cm)

Filo-Teigkreise

60 g zerlassene Butter, plus
etwas mehr
zum Einfetten

12 Filo-Teigblätter, aufgetaut,
falls Tiefkühlware

1. Für den Honigsirup alle Zutaten in einen kleinen Topf geben. Auf mittlerer Stufe erhitzen, bis der Zucker aufgelöst ist. Dann auf hoher Stufe zum Kochen bringen und 6 Minuten kochen lassen, bis die Mischung eine sirupartige Konsistenz hat. Die Orangenschale entfernen und wegwerfen und den Sirup zum Abkühlen beiseitestellen.

2. Für die Filo-Teigkreise den Backofen auf 180 °C vorheizen und ein Backblech einfetten. In einer kleinen Schüssel die zerlassene Butter mit 4 Esslöffeln abgekühltem Honigsirup verrühren.

3. 1 Filo-Teigblatt auf einer sauberen Arbeitsplatte ausbreiten und mit der Butter-Sirup-Mischung bestreichen. Ein zweites Filo-Teigblatt darauflegen und ebenfalls mit der Mischung bestreichen. Fortfahren, bis 6 Teigblätter aufeinanderliegen. Mit einer Sirupschicht abschließen. Mit den restlichen 6 Filo-Teigblättern ebenso verfahren. Aus den Teigstapeln 24 Kreise mit einem Durchmesser von 5 cm ausstechen. 12 der Teigkreise halbieren, sodass 24 Halbkreise entstehen. Die Teigkreise und -halbkreise auf das vorbereitete Backblech geben und mit etwas kaltem Wasser besprenkeln, damit der Teig sich nicht einrollt.

4. Im vorgeheizten Ofen 7–10 Minuten backen, bis das Gebäck knusprig und hellbraun ist. Die Kreise herausnehmen und die Halbkreise weitere 1–2 Minuten backen, bis sie goldbraun sind. Das Gebäck zum Auskühlen auf ein Kuchengitter heben. Den Ofen in der Zwischenzeit nicht ausstellen.

Glasur

125 g weiche Butter

90 ml flüssiger Honig

250 g Puderzucker

Nussgarnierung

30 g fein gehackte Walnüsse

30 g fein gehackte Pistazien

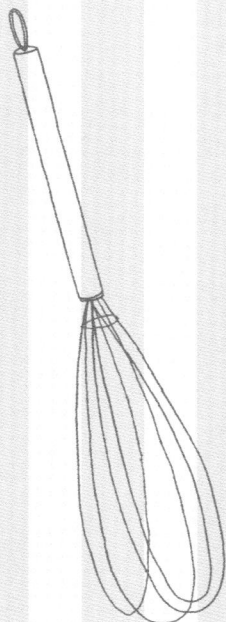

5. Ein Cupcake-Backblech mit 12 Mulden mit Papierförmchen auslegen und 1 Filo-Kreis in jedes Förmchen legen.

6. Mehl, Backpulver, Zimt und Salz in einer Schüssel vermengen. Butter, Honig und Feinstzucker in einer weiteren Schüssel hell und schaumig schlagen. Das Vanillearoma zugeben und die Eier unter ständigem Rühren nacheinander zufügen. Die Hälfte der Mehlmischung und die Milch unterrühren. Dann die restliche Mehlmischung einrühren. Zum Schluss die gehackten Nüsse und Pistazien unterheben.

7. Den Teig in die vorbereiteten Papierförmchen füllen und im vorgeheizten Ofen 20 Minuten backen, bis die Cupcakes aufgegangen und goldbraun sind. 1–2 Minuten abkühlen lassen, dann zum vollständigen Auskühlen aus der Form nehmen und auf ein Kuchengitter setzen.

8. Für die Glasur Butter, Honig und Puderzucker in eine Schüssel geben und verrühren. Mithilfe eines Palettenmessers auf die Cupcakes streichen.

9. Für die Garnierung die gehackten Nüsse in einer Schale mit dem restlichen Honigsirup verrühren. Zum Servieren die Garnierung auf den Cupcakes verteilen und einige Filo-Halbkreise auf jeden Cupcake geben.

3

9

9

Profi-Tipp

Filoteig trocknet schnell
aus, daher sollten Sie Teig,
mit dem Sie gerade nicht
arbeiten, mit einem feuchten
Handtuch bedecken.

Erdnussbutter-Konfitüre-Cupcakes

Ergibt 12

200 g Mehl

1½ TL Backpulver

¼ TL Salz

125 g weiche Butter

200 g Feinstzucker

125 g Erdnussbutter

einige Tropfen Vanillearoma

2 Eier, Größe L

125 ml Milch

325 g Erdbeerkonfitüre, plus etwas mehr zum Dekorieren

Glasur

125 g weiche Butter

125 g Erdnussbutter

200 g Puderzucker, bei Bedarf etwas mehr

3 EL Milch

1 Prise Salz

1. Den Backofen auf 180°C vorheizen und ein Cupcake-Backblech mit 12 Mulden mit Papierförmchen auslegen.

2. Mehl, Backpulver und Salz in einer Schüssel vermengen. Butter und Feinstzucker in einer weiteren Schüssel hell und schaumig schlagen. Die Erdnussbutter sorgfältig unterrühren. Das Vanillearoma zugeben und die Eier unter ständigem Rühren nacheinander zufügen. Die Hälfte der Mehlmischung und die Milch untermischen. Zum Schluss die restliche Mehlmischung einrühren.

3. Den Teig in die vorbereiteten Papierförmchen füllen und im vorgeheizten Ofen 20 Minuten backen, bis die Cupcakes aufgegangen und goldbraun sind. 1–2 Minuten in der Form abkühlen lassen, dann zum vollständigen Auskühlen aus der Form nehmen und auf ein Kuchengitter setzen.

4. Für die Glasur Butter und Erdnussbutter in einer Schüssel mit dem Mixer cremig rühren. Puderzucker, Milch und Salz untermischen. Falls nötig, mehr Puderzucker zufügen. Die Glasur in einen Spritzbeutel mit Sterntülle füllen.

5. Mit einem Apfelausstecher in jeden Cupcake ein Loch stechen und die Konfitüre hineingeben. Die Glasur auf die Cupcakes spritzen, dabei mittig eine kleine Mulde in die Glasur drücken. Vor dem Servieren etwas Konfitüre hineinfüllen.

Süße Birnen-Cupcakes

Ergibt 12

1 l Wasser

200 g Zucker

3 kleine Birnen, geschält, entkernt und geviertelt

1 Zimtstange

75 g Mehl

70 g gemahlene Mandeln

1 TL Backpulver

¼ TL Salz

125 g weiche Butter

200 g Feinstzucker

einige Tropfen Vanillearoma

2 Eier, Größe L

4 EL Sahne

Glasur

3 Eiweiß von Eiern in Größe L

150 g Puderzucker

225 g weiche Butter

einige Tropfen Vanillearoma

1 TL gemahlener Zimt

Zum Dekorieren

120 g Marzipan

essbarer Glitzer in Grün und Gold

12 Gewürznelken

1. Wasser und Zucker in einem Topf zum Kochen bringen. Die Hitze reduzieren und die Mischung köcheln lassen, bis der Zucker aufgelöst ist. Birnen und Zimt hineingeben und 20 Minuten köcheln lassen. Die Birnen herausnehmen, abtropfen und abkühlen lassen. Den Backofen auf 180°C vorheizen und ein Cupcake-Backblech mit 12 Mulden mit Papierförmchen auslegen.

2. Mehl, Mandeln, Backpulver und Salz in eine Schüssel geben. Butter und Feinstzucker in einer weiteren Schüssel hell und schaumig schlagen. Das Vanillearoma zugeben und die Eier unter ständigem Rühren nacheinander zufügen. Die Hälfte der Mehlmischung und die Sahne sorgfältig unterrühren. Dann die restliche Mehlmischung einrühren.

3. Den Teig auf die Papierförmchen verteilen und je 1 Birnenviertel in den Teig drücken. 20 Minuten im Ofen backen, bis die Cupcakes aufgegangen und goldbraun sind. 1–2 Minuten abkühlen lassen, dann zum vollständigen Auskühlen aus der Form nehmen und auf ein Kuchengitter setzen.

4. Für die Glasur Eiweiß und Puderzucker in eine hitzebeständige Schüssel geben, über einen Topf mit köchelndem Wasser setzen und schlagen, bis der Zucker aufgelöst ist. Vom Herd nehmen und 4–5 Minuten weiterschlagen. Die Butter esslöffelweise zufügen und weiterrühren, bis sich weiße Spitzen bilden. Vanillearoma und Zimt vorsichtig einrühren. Die Glasur in einen Spritzbeutel mit Sterntülle füllen und gleichmäßig auf die Cupcakes spritzen.

5. Zum Dekorieren das Marzipan in 12 gleich große Stücke teilen und jedes Stück zu einer Birne formen. Mit dem essbaren Glitzer anmalen und je 1 Gewürznelke als Stiel in jede Birne drücken. Auf jeden Cupcake 1 Marzipanbirne setzen.

Profi-Tipp

Nach dem Kochen der Birnen die Flüssigkeit weiterkochen lassen, bis ein dickflüssiger Sirup entsteht. Über die Birnen träufeln.

1

3

5

Salzige Karamell-Cupcakes

Kapitel 2
Viel Geschmack

Ergibt 12

200 g Mehl

1½ TL Backpulver

¼ TL Salz

125 g weiche Butter

100 g Feinstzucker

110 g brauner Zucker

einige Tropfen Vanillearoma

1 EL Instant-Kaffeepulver

2 Eier, Größe L

125 ml Milch

1 TL Meersalzflocken,
zum Dekorieren

Glasur

125 g weiche Butter

220 g brauner Zucker

100 g Sahne

½ TL Salz

200 g Puderzucker, bei Bedarf
etwas mehr

1. Den Backofen auf 180°C vorheizen und ein Cupcake-Backblech mit 12 Mulden mit Papierförmchen auslegen.

2. Mehl, Backpulver und Salz in einer Schüssel vermengen. Butter, Feinstzucker und braunen Zucker in einer weiteren Schüssel hell und schaumig schlagen. Vanillearoma und Kaffeepulver zugeben, dann nach und nach unter ständigem Rühren die Eier zufügen. Die Hälfte der Mehlmischung und die Milch untermischen. Zum Schluss auch die restliche Mehlmischung einrühren.

3. Den Teig in die vorbereiteten Papierförmchen füllen und im vorgeheizten Ofen 20 Minuten backen, bis die Cupcakes aufgegangen und goldbraun sind. 1–2 Minuten in der Form abkühlen lassen, dann zum vollständigen Auskühlen aus der Form nehmen und auf ein Kuchengitter setzen.

4. Für die Glasur die Butter in einem kleinen Topf auf mittlerer Stufe zerlassen, um eine Karamell-sauce herzustellen. Braunen Zucker, Sahne und Salz zugeben und unter ständigem Rühren 4 Minuten köcheln lassen, bis der Zucker vollständig aufgelöst ist. Den Topf vom Herd nehmen und 30 Minuten abkühlen lassen.

5. Den Puderzucker in die Karamellsauce rühren. Falls nötig, mehr Puderzucker zufügen, um die gewünschte Konsistenz zu erhalten. Die Glasur in einen Spritzbeutel mit Sterntülle füllen und gleich-mäßig auf die Kuchen spritzen.

6. Zum Dekorieren die Cupcakes mit den Salzflocken bestreuen.

5

5

6

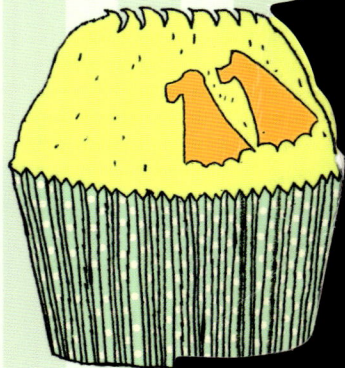

KAPITEL 3
CUPCAKE-
SPASS

Saftige Wassermelonen

Ergibt 12

200 g Mehl

1½ TL Backpulver

¼ TL Salz

125 g weiche Butter

200 g Feinstzucker

einige Tropfen Vanillearoma

2 Eier, Größe L

125 ml Milch

Lebensmittelfarbe in Rosa

100 g Schokoladentröpfchen

Glasur

125 g weiche Butter

250 g Puderzucker

1 EL Milch

einige Tropfen Vanillearoma

1 Prise Salz

Lebensmittelfarbe in Grün

1. Den Backofen auf 180°C vorheizen und ein Cupcake-Backblech mit 12 Mulden mit Papierförmchen auslegen.

2. Mehl, Backpulver und Salz in einer Schüssel vermengen. Butter und Feinstzucker in einer weiteren Schüssel schaumig schlagen. Das Vanillearoma zugeben, dann unter ständigem Rühren die Eier einzeln zufügen. Die Hälfte der Mehlmischung und die Milch sorgfältig untermischen. Zum Schluss die restliche Mehlmischung einrühren. Einige Tropfen rosa Lebensmittelfarbe in den Teig mischen, bis er gleichmäßig gefärbt ist. Zum Schluss die Schokoladentröpfchen unterheben.

3. Den Teig auf die Papierförmchen verteilen und 20 Minuten im vorgeheizten Ofen backen, bis die Cupcakes aufgegangen sind und ein in die Mitte gestochener Holzspieß sauber wieder herausgezogen werden kann. 1–2 Minuten abkühlen lassen, dann zum vollständigen Auskühlen aus der Form nehmen und auf ein Kuchengitter setzen.

4. Für die Glasur Butter, Puderzucker, Milch, Vanillearoma und Salz in eine Schüssel geben und mit dem Mixer cremig rühren. Falls nötig, mehr Puderzucker zufügen, um die gewünschte Konsistenz zu erhalten. Einige Tropfen grüne Lebensmittelfarbe untermischen und rühren, bis die Glasur gleichmäßig eingefärbt ist. Eventuell mehr Lebensmittelfarbe hinzugeben, damit die Glasur eine kräftige grüne Farbe hat. Die Glasur in einen Spritzbeutel mit Sterntülle füllen und gleichmäßig auf die Cupcakes spritzen. Sie können sofort serviert werden.

Profi-Tipp

Für echtes Wassermelonen-
aroma ersetzen Sie das
Vanillearoma im Teig einfach
durch Wassermelonenaroma.

2

3

4

Hamburger-Cupcakes

Ergibt 12

Brownie-Frikadellen

60 g Mehl

50 g Kakaopulver

1 Msp. Backpulver

1 Msp. Salz

60 g weiche Butter, plus etwas mehr zum Einfetten

150 g Feinstzucker

einige Tropfen Vanillearoma

1 Ei, Größe L

Cupcake-Brötchen

200 g Mehl

1½ TL Backpulver

¼ TL Salz

125 g weiche Butter, plus etwas mehr zum Einfetten

200 g Feinstzucker

einige Tropfen Vanillearoma

2 Eier, Größe L

125 ml Milch

Glasur

125 g weiche Butter

250 g Puderzucker

1 EL Milch

einige Tropfen Vanillearoma

1 Prise Salz

Lebensmittelfarbe in Rot

Lebensmittelfarbe in Gelb

1. Den Backofen auf 180°C vorheizen und zwei Cupcake-Backbleche mit 12 Mulden mit Papierförmchen auslegen.

2. Für die Brownie-Frikadellen Mehl, Kakaopulver, Backpulver und Salz in einer Schüssel vermengen. Butter und Feinstzucker in einer weiteren Schüssel hell und schaumig schlagen. Vanillearoma und Ei einrühren. Unter ständigem Rühren die Mehlmischung portionsweise untermischen. Den Teig auf eines der vorbereiteten Backbleche verteilen und 20 Minuten im vorgeheizten Ofen backen, bis die Brownies aufgegangen sind und ein in die Mitte gestochener Holzspieß sauber wieder herausgezogen werden kann. Aus dem Ofen nehmen und 5 Minuten abkühlen lassen, dann zum vollständigen Auskühlen aus der Form lösen und auf ein Kuchengitter setzen. Den Ofen in der Zwischenzeit nicht ausschalten. Sobald die Brownies abgekühlt sind, diese zu runden Frikadellen mit 5 cm Durchmesser schneiden.

3. Für die Cupcake-Brötchen Mehl, Backpulver und Salz in einer Schüssel verrühren. Butter und Feinstzucker in einer weiteren Schüssel hell und schaumig schlagen. Das Vanillearoma zugeben, dann unter ständigem Rühren die Eier einzeln zufügen. Die Hälfte der Mehlmischung und die Milch sorgfältig unterrühren. Zum Schluss die restliche Mehlmischung einrühren.

4. Den Teig auf das zweite Backblech verteilen und 20 Minuten im vorgeheizten Ofen backen, bis die Cupcakes aufgegangen sind und ein in die Mitte gestochener Holzspieß sauber wieder herausgezogen werden kann. 1–2 Minuten abkühlen lassen, dann zum vollständigen Auskühlen aus der Form nehmen und auf ein Kuchengitter setzen.

Zum Dekorieren

Lebensmittelfarbe in Grün

75 g Kokosraspel

flüssiger Honig

Sesamsaat

5. Für die Glasur Butter, Puderzucker, Milch, Vanillearoma und Salz in eine Schüssel geben und mit dem Mixer cremig rühren. Falls nötig, mehr Puderzucker zufügen, um die gewünschte Konsistenz zu erhalten. Verteilen Sie die Glasur gleichmäßig auf zwei Schüsseln. Für das Ketchup einige Tropfen rote Lebensmittelfarbe mit einer Portion Glasur vermischen, für den Senf einige Tropfen gelbe Lebensmittelfarbe mit der anderen Portion Glasur vermischen. Die Glasuren jeweils in einen Spritzbeutel mit kleiner Lochtülle füllen.

6. Als Salatdekoration mischen Sie einige Tropfen grüne Lebensmittelfarbe unter die Kokosraspeln, bis sie gleichmäßig eingefärbt sind.

7. Zum Servieren die Cupcakes so halbieren, dass Brötchenober- und -unterseite entstehen. Als Nächstes je 1 Burger auf die untere Brötchenhälfte legen. Rote und gelbe Glasur darüberspritzen und den Kokos-Salat daraufstreuen. Die obere Hälfte des Cupcakes auf jeden Burger legen und mit einer dünnen Schicht Honig bestreichen. Mit Sesamsaat bestreuen und servieren.

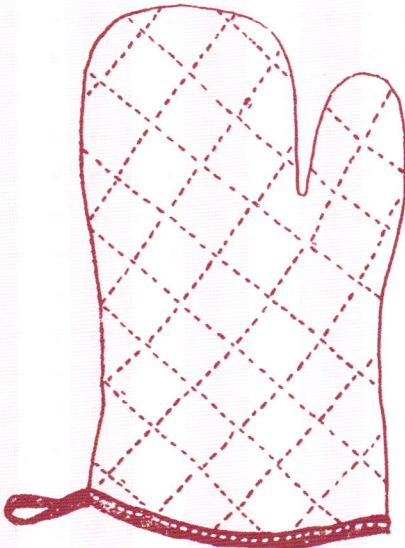

2

5

7

7

Profi-Tipp

Reichen Sie noch süße Pommes frites zu Ihren Hamburgern. Dazu ein Stück hellen Trockenkuchen in Pommes frites schneiden und mit Zucker bestreut servieren.

Cupcake im Glas

Ergibt 16

150 g Mehl

2 TL Backpulver

60 g gemahlene Mandeln

175 g weiche Butter

175 g Feinstzucker

einige Tropfen Vanillearoma

3 Eier, leicht verquirlt

Glasur

125 g weiche Butter

200 g Puderzucker, bei Bedarf etwas mehr

1 EL Sahne

1. Den Backofen auf 180 °C vorheizen und 8 Mulden eines Cupcake-Backblechs mit Papierförmchen auslegen.

2. Mehl, Backpulver und Mandeln in einer Schüssel vermischen. Butter und Feinstzucker in einer weiteren Schüssel hell und schaumig schlagen. Das Vanillearoma zugeben und unter ständigem Rühren die Eier einzeln zufügen. Mehlmischung und Sahne unterrühren.

3. Den Teig in die vorbereiteten Papierförmchen füllen und im vorgeheizten Ofen 20 Minuten backen, bis die Cupcakes aufgegangen und goldbraun sind. 1–2 Minuten abkühlen lassen, dann zum vollständigen Auskühlen aus der Form nehmen und auf ein Kuchengitter setzen.

4. Für die Glasur Butter, Puderzucker und Sahne in einer Schüssel mit dem Mixer cremig rühren. Falls nötig, mehr Puderzucker zufügen. Die Glasur in einen Spritzbeutel mit kleiner Sterntülle füllen.

5. Die abgekühlten Cupcakes in eine Schüssel krümeln und die Krümel auf 16 kleine Gläser verteilen. Dann die Glasur spiralförmig auf die Cupcakes spritzen und servieren.

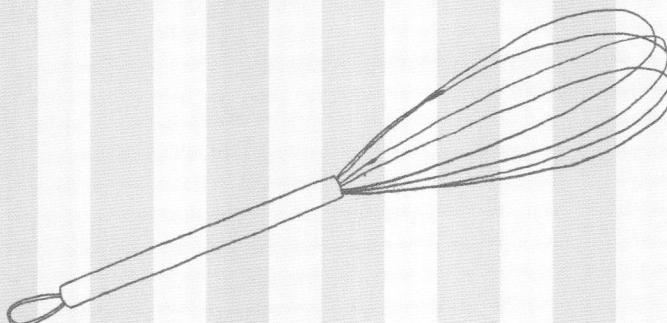

Profi-Tipp

Sie können statt Vanille-Cupcakes
auch Cupcakes mit anderen
Geschmacksrichtungen herstellen,
beispielsweise Fürst-Pückler-
Cupcakes von Seite 96.

Cupcake in der Schokotasse

Ergibt 12

60 g Mehl

40 g Kakaopulver

1 gestrichener TL Backpulver

1 große Prise Salz

60 g weiche Butter, plus
etwas mehr zum Einfetten

100 g Feinstzucker

einige Tropfen Vanillearoma

1 Ei, Größe L

4 EL Sahne

350 g weiße Schokolade,
in Stücken

36 Mini-Marshmallows,
zum Dekorieren

Schokosauce

225 g Vollmilchschokolade,
gehackt

125 g Sahne

1 EL heller Zuckerrübensirup

Glasur

1 Eiweiß, Größe L

50 g Zucker

150 g weiche Butter

einige Tropfen Vanillearoma

1. Den Backofen auf 180 °C vorheizen und 12 Mulden eines Mini-Cupcake-Backblechs einfetten.

2. Mehl, Kakaopulver, Backpulver und Salz in einer Schüssel vermengen. Butter und Feinstzucker in einer zweiten Schüssel schaumig schlagen. Vanillearoma und Ei vorsichtig untermischen. Die Hälfte der Mehlmischung und die Sahne sorgfältig beimengen und die restliche Mehlmischung einrühren.

3. Den Teig auf die 12 Mulden im Backblech verteilen und 15 Minuten im vorgeheizten Ofen backen, bis die Cupcakes aufgegangen sind und ein in die Mitte gestochener Holzspieß sauber wieder herausgezogen werden kann. 1–2 Minuten abkühlen lassen, dann zum vollständigen Auskühlen aus der Form nehmen und auf ein Kuchengitter setzen.

4. Für die weißen Schokotassen die weiße Schokolade in eine hitzebeständige Schüssel geben und über einem Wasserbad mit köchelndem Wasser schmelzen, dabei immer wieder umrühren.

5. Etwas von der geschmolzenen Schokolade in eine Papiertasse geben. Die Tasse muss so groß sein, dass ein Mini-Cupcake problemlos hineinpasst. Die Tasse wenden, sodass die Schokolade sich auch an den Wänden verteilt und eine Schokotasse entsteht, die groß genug für einen Mini-Cupcake ist. Die Tasse so lange wenden, bis die Schokolade anfängt fest zu werden. Zum Trocknen in den Kühlschrank stellen. Insgesamt 12 Schokotassen herstellen. Sobald die Schokolade fest ist, vorsichtig aus der Tasse lösen. Die Schokotassen bis zur weiteren Verwendung im Kühlschrank aufbewahren.

6. Für die Schokosauce Schokolade und Sahne in eine hitzebeständige Schüssel geben und über einem Wasserbad schmelzen, dabei immer wieder umrühren. Dann den Zuckerrübensirup einrühren. Den Topf vom Herd nehmen und die Schüssel zum Abkühlen beiseitestellen.

7. Für die Glasur Eiweiß und Zucker in eine hitzebeständige Schüssel geben, über einen Topf mit köchelndem Wasser setzen und schlagen, bis der Zucker vollständig aufgelöst ist. Vom Herd nehmen und 4–5 Minuten weiterschlagen. Die Butter esslöffelweise zufügen und weiterrühren, bis sich weiße Spitzen bilden. Zum Schluss das Vanillearoma vorsichtig unterheben. Die Glasur in einen Spritzbeutel mit Sterntülle füllen.

8. In jede Schokotasse 1 Cupcake geben und die Schokosauce über die Cupcakes gießen, bis diese vollständig damit bedeckt sind. Zum Schluss die Glasur spiralförmig auf die Cupcakes spritzen und mit je 3 Mini-Marshmallows belegen.

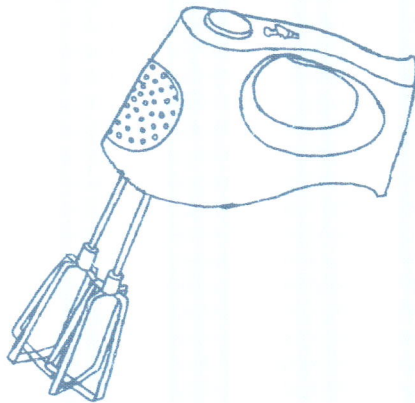

Fürst-Pückler-Cupcakes

Ergibt 18

Vanille- und Erdbeer-Cupcakes

200 g Mehl

1½ TL Backpulver

¼ TL Salz

125 g weiche Butter

200 g Feinstzucker

einige Tropfen Vanillearoma

2 Eier, Größe L

125 ml Milch

Lebensmittelfarbe in Rosa

85 g frische Erdbeeren, gewürfelt

Schoko-Cupcakes

60 g Mehl

50 g Kakaopulver

1 gestrichener TL Backpulver

1 große Prise Salz

60 g weiche Butter

100 g Feinstzucker

einige Tropfen Vanillearoma

1 Ei, Größe L

4 EL Sahne

Glasur

3 Eiweiß von Eiern in Größe L

150 g Zucker

225 g weiche Butter

einige Tropfen Vanillearoma

1 Prise Salz

1. Den Backofen auf 180°C vorheizen und ein Cupcake-Backblech mit 12 Mulden mit Papierförmchen auslegen.

2. Für die Vanille-Cupcakes Mehl, Backpulver und Salz in einer Schüssel verrühren. Butter und Feinstzucker in einer zweiten Schüssel schaumig schlagen. Das Vanillearoma zugeben, dann unter ständigem Rühren die Eier einzeln zufügen. Mehlmischung und Milch einrühren.

3. Die Hälfte des Teigs auf 6 vorbereitete Papierförmchen verteilen.

4. Für die Erdbeer-Cupcakes einige Tropfen rosa Lebensmittelfarbe in den restlichen Teig rühren. Dann die Erdbeeren unterheben und den Teig auf die restlichen 6 Papierförmchen verteilen.

5. 20 Minuten im vorgeheizten Ofen backen, bis die Cupcakes aufgegangen sind und ein in die Mitte gestochener Holzspieß sauber wieder herausgezogen werden kann. Aus dem Ofen nehmen und 5 Minuten abkühlen lassen, dann zum vollständigen Auskühlen aus der Form lösen und auf ein Kuchengitter setzen. Den Ofen in der Zwischenzeit nicht ausschalten.

6. 6 Papierförmchen auf ein zweites Cupcake-Backblech verteilen.

7. Für die Schoko-Cupcakes Mehl, Kakaopulver, Backpulver und Salz in einer Schüssel vermengen. Butter und Feinstzucker in einer weiteren Schüssel hell und schaumig schlagen. Vanillearoma und Ei einrühren. Dann Mehlmischung und Sahne dazugeben und sorgfältig untermischen.

Schokoladensauce

60 g Vollmilchschokolade,
in Stücken

3 EL Sahne

1 EL weiche Butter

1 Prise Salz

Füllung und Deko

450 ml Vanilleeis, angetaut

60 g gemischte Nüsse, gehackt

18 Maraschinokirschen

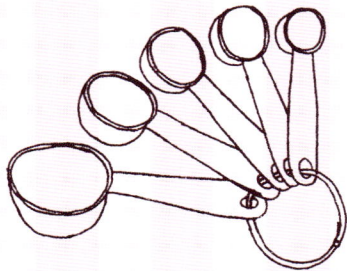

8. Den Teig auf die Papierförmchen verteilen und 20 Minuten im vorgeheizten Ofen backen, bis die Cupcakes aufgegangen sind und ein in die Mitte gestochener Holzspieß sauber wieder herausgezogen werden kann. 1–2 Minuten abkühlen lassen, dann zum vollständigen Auskühlen aus der Form nehmen und auf ein Kuchengitter setzen.

9. Für die Füllung mit einem Apfelausstecher ein Loch in jeden Cupcake stechen und mit dem Vanilleeis füllen. Die Cupcakes ins Gefrierfach stellen, bis die Glasur fertig ist.

10. Für die Glasur Eiweiß und Zucker in eine ofenfeste Schüssel geben, über einen Topf mit köchelndem Wasser setzen und schlagen, bis der Zucker vollständig aufgelöst ist. Vom Herd nehmen und 4–5 Minuten weiterschlagen. Die Butter esslöffelweise zufügen und weiterrühren, bis sich weiße Spitzen bilden. Schließlich Vanillearoma und Salz unterrühren. Die Glasur in einen Spritzbeutel mit Sterntülle füllen.

11. Für die Schokoladensauce Schokolade, Sahne, Butter und Salz in eine ofenfeste Schüssel geben und über einem Wasserbad mit köchelndem Wasser schmelzen, dabei immer wieder umrühren. Die Sauce etwa 15 Minuten abkühlen lassen.

12. Die Glasur spiralförmig auf die Cupcakes spritzen. Zum Dekorieren die Schokoladensauce über die Cupcakes träufeln und mit gehackten Nüssen bestreuen. Zum Abschluss halbierte Maraschinokirschen auf jeden Cupcake setzen und servieren.

9

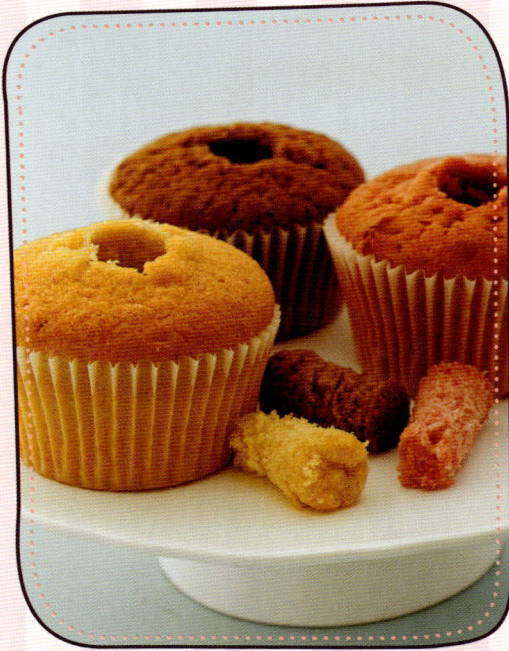

Profi-Tipp

Statt Glasur können Sie auch ange-
taute Eiscreme in einen Spritzbeutel
füllen und diese vor dem Servieren
auf die Cupcakes spritzen.

9

12

Zartes Pflänzchen

Ergibt 12

125 g Mehl

60 g Kakaopulver

1 TL Backpulver

¼ TL Salz

125 g weiche Butter

200 g Feinstzucker

einige Tropfen Vanillearoma

2 Eier, Größe L

125 g Sahne

Glasur

125 g weiche Butter

200 g Puderzucker

40 g Kakaopulver

1 EL Milch

¼ TL Salz

einige Tropfen Vanillearoma

Zum Dekorieren

120 g Vollkornbutterkekse, zerbröselt

225 g weiße Schokolade

Lebensmittelfarbe in Grün

1. Den Backofen auf 180°C vorheizen und ein Cupcake-Backblech mit 12 Mulden mit Papierförmchen auslegen.

2. Mehl, Kakaopulver, Backpulver und Salz in einer Schüssel vermengen. Butter und Feinstzucker in einer zweiten Schüssel schaumig schlagen. Das Vanillearoma zugeben, dann unter ständigem Rühren die Eier einzeln zufügen. Mehlmischung und Sahne unterrühren.

3. Den Teig auf die Papierförmchen verteilen und 20 Minuten im vorgeheizten Ofen backen, bis die Cupcakes aufgegangen sind und ein in die Mitte gestochener Holzspieß sauber wieder herausgezogen werden kann. 1–2 Minuten abkühlen lassen, dann zum vollständigen Auskühlen aus der Form nehmen und auf ein Kuchengitter setzen.

4. Für die Glasur Butter, Puderzucker, Kakaopulver, Milch, Salz und Vanillearoma in einer Schüssel cremig rühren. Falls nötig, mehr Puderzucker zufügen.

5. Mithilfe eines Palettenmessers die Glasur auf die Cupcakes streichen. Zum Dekorieren die Kekskrümel in eine flache Schale geben und die Cupcakes mit der Glasur in die Krümel drücken.

6. Die weiße Schokolade in einer hitzebeständigen Schüssel über einem Wasserbad schmelzen. Vom Herd nehmen und die grüne Lebensmittelfarbe einrühren. Die flüssige Schokolade in einen Spritzbeutel mit kleiner Lochtülle füllen und 12 Pflänzchen auf ein Stück Backpapier spritzen. Das Backpapier mit den Pflänzchen zum Trocknen in den Kühlschrank legen. Zum Servieren in jeden Cupcake mittig 1 Pflänzchen stecken.

Anstelle der weißen
Schokolade können Sie für die
Pflänzchen auch Rollfondant
oder grün eingefärbtes
Marzipan verwenden.

Tauchendes Entlein

Ergibt 12

200 g Mehl

1½ TL Backpulver

¼ TL Salz

125 g weiche Butter

200 g Feinstzucker

einige Tropfen Vanillearoma

2 Eier, Größe L

125 ml Milch

Glasur

125 g weiche Butter

250 g Puderzucker, bei
Bedarf etwas mehr

1 EL Milch

einige Tropfen Vanillearoma

1 Prise Salz

Zum Dekorieren

6 Marshmallows,
quadratische Form

Lebensmittelfarbe in Gelb

Lebensmittelfarbe in Rot

60 g Marzipan

225 g weiße Schokolade

2 EL Pflanzenöl

1. Den Backofen auf 180°C vorheizen und ein Cupcake-Backblech mit 12 Mulden mit Papierförmchen auslegen.

2. Mehl, Backpulver und Salz in einer Schüssel vermengen. Butter und Feinstzucker in einer zweiten Schüssel schaumig schlagen. Das Vanillearoma untermischen und unter ständigem Rühren die Eier einzeln zufügen. Mehlmischung und Milch sorgfältig einrühren.

3. Den Teig in die vorbereiteten Papierförmchen füllen und im vorgeheizten Ofen 20 Minuten backen, bis die Cupcakes aufgegangen und goldbraun sind. 1–2 Minuten abkühlen lassen, dann zum vollständigen Auskühlen aus der Form nehmen und auf ein Kuchengitter setzen.

4. Für die Glasur Butter, Puderzucker, Milch, Vanillearoma und Salz in eine Schüssel geben und mit dem Mixer cremig rühren. Falls nötig, mehr Puderzucker zufügen, um die gewünschte Konsistenz zu erhalten. Die Glasur mithilfe eines Palettenmessers auf die Cupcakes streichen.

5. Für die Entenschwänze jeden Marshmallow diagonal in 2 Teile schneiden, sodass 12 Dreiecke entstehen. Diese mit der flachen Seite nach unten auf je 1 Cupcake setzen, sodass eine Ecke nach oben zeigt. Die Cupcakes 10–15 Minuten ins Gefrierfach stellen, bis sie hart sind.

6. Für die Füße 4 Tropfen gelbe und 2 Tropfen rote Lebensmittelfarbe ins Marzipan kneten, bis es gleichmäßig eingefärbt ist. Falls nötig, mehr Farbe hinzufügen, damit ein kräftigeres Orange entsteht.

7. Eine erbsengroße Menge Marzipan nehmen und diese zu einer Kugel rollen. Eine Seite der Kugel zusammendrücken, um daraus das Bein zu formen. Es sollte 2,5 cm lang sein. Die andere Seite zu einem Entenfuß formen. Mithilfe eines Zahnstochers Konturen in die Füße drücken. Insgesamt 24 Entenbeine formen.

8. Die weiße Schokolade mit dem Öl zum Schmelzen in eine Schüssel geben und über einen Topf mit köchelndem Wasser setzen, dabei gelegentlich umrühren. Den Topf vom Herd nehmen, sobald die Schokolade vollständig geschmolzen ist.

9. Die Cupcakes aus dem Gefrierfach nehmen und die Oberseite mit dem Marshmallow in die geschmolzene Schokolade eintauchen, sodass sie ganz bedeckt ist. Überflüssige Schokolade zurück in die Schüssel tropfen lassen und den Cupcake zum Trocknen auf eine Kuchenplatte setzen. Solange die Glasur noch nicht getrocknet ist, mit einem Stäbchen unterhalb des Schwänzchens 2 Löcher für die Entenbeine in den Cupcake stechen. In jedes Loch 1 Marzipanbeinchen stecken. Den Cupcake zum Festwerden wieder ins Gefrierfach stellen. Wenn alle Cupcakes fertig sind, diese weitere 5 Minuten im Gefrierfach lassen, danach können sie sofort serviert werden.

5

7

9

9

Popcorn-Cupcakes

Ergibt 12

125 ml Milch

10 g fertiges Popcorn, plus 40 g fertiges Popcorn zum Dekorieren

200 g Mehl

1½ TL Backpulver

¼ TL Salz

125 g weiche Butter

100 g Feinstzucker

100 g Rohrzucker

einige Tropfen Vanillearoma

2 Eier, Größe L

Karamell

400 g Feinstzucker

60 g heller Zuckerrübensirup

¼ TL Weinsteinbackpulver

125 ml Wasser

60 g weiche Butter

225 g Sahne

einige Tropfen Vanillearoma

½ TL Salz

1. Den Backofen auf 180°C vorheizen und ein Cupcake-Backblech mit 12 Mulden mit Papierförmchen auslegen.

2. Die Milch in einem kleinen Topf zum Kochen bringen. Das Popcorn zufügen, den Topf vom Herd nehmen und etwa 10 Minuten quellen lassen. Die Mischung danach mit einem Stabmixer fein pürieren. Zum Abkühlen beiseitestellen.

3. Mehl, Backpulver und Salz in einer Schüssel vermengen. Butter, Feinstzucker und Rohrzucker in einer weiteren Schüssel hell und schaumig schlagen. Das Vanillearoma zugeben und unter ständigem Rühren die Eier einzeln zufügen. Mehlmischung und Popcornpüree einrühren.

4. Den Teig in die vorbereiteten Papierförmchen füllen und im vorgeheizten Ofen 20 Minuten backen, bis die Cupcakes aufgegangen und goldbraun sind. 1–2 Minuten abkühlen lassen, dann zum vollständigen Auskühlen aus der Form nehmen und auf ein Kuchengitter setzen.

5. Für den Karamell Zucker, Sirup, Backpulver und Wasser in einem Topf auf mittlerer Stufe unter ständigem Rühren erhitzen, bis der Zucker aufgelöst ist. Die Hitze auf höchste Stufe stellen und die Mischung zum Kochen bringen. 8–10 Minuten ohne Rühren kochen. Den Topf vom Herd nehmen und Butter und Sahne einrühren. Vanillearoma und Salz untermischen und 5 Minuten abkühlen lassen.

6. 1 EL Karamell auf jeden Cupcake streichen. Den restlichen Karamell mit dem restlichen Popcorn mischen und dann auf den Cupcakes verteilen. Zum Abkühlen und Trocknen beiseitestellen. Servieren.

2

5

6

Löwen-Cupcakes

Ergibt 12

200 g Mehl

1½ TL Backpulver

¼ TL Salz

125 g weiche Butter

200 g Feinstzucker

einige Tropfen Vanillearoma

2 Eier, Größe L

125 ml Milch

Glasur

225 g weiche Butter

425 g Puderzucker, bei Bedarf etwas mehr

2 EL Milch

einige Tropfen Vanillearoma

1 TL Zimt

Lebensmittelfarbe in Orange

Löwengesichter

250 g Rollfondant in Gelb

Zuckerschrift in Schwarz

1. Den Backofen auf 180°C vorheizen und ein Cupcake-Backblech mit 12 Mulden mit Papierförmchen auslegen.

2. Mehl, Backpulver und Salz in einer Schüssel vermengen. Butter und Feinstzucker in einer weiteren Schüssel hell und schaumig schlagen. Das Vanillearoma zugeben und unter ständigem Rühren die Eier einzeln zufügen. Die Hälfte der Mehlmischung und die Milch untermischen. Zum Schluss die restliche Mehlmischung einrühren.

3. Den Teig in die vorbereiteten Papierförmchen füllen und im vorgeheizten Ofen 20 Minuten backen, bis die Cupcakes aufgegangen und goldbraun sind. 1–2 Minuten abkühlen lassen, dann zum vollständigen Auskühlen aus der Form nehmen und auf ein Kuchengitter setzen.

4. Für die Glasur Butter, Puderzucker, Milch, Vanillearoma, Zimt und einige Tropfen orange Lebensmittelfarbe in eine Schüssel geben und mit dem Mixer cremig rühren. Falls nötig, mehr Puderzucker zufügen, um die gewünschte Konsistenz zu erhalten.

5. Die Glasur in einen Spritzbeutel mit Sterntülle füllen und zackenförmig auf die Cupcakes spritzen. Dabei Spitzen nach außen ziehen, sodass die Glasur wie eine wilde Löwenmähne aussieht.

6. Für die Löwengesichter den Fondant in 12 gleich große Stücke teilen. Von jedem Stück 4 kleine Teile abbrechen und beiseitelegen. Das große Stück bildet das Gesicht des Löwen. Dieses zu einem Herz formen und mittig auf den Cupcake drücken. Aus den 4 kleinen Fondantstücken Kreise formen. 2 davon oberhalb des Gesichts als Ohren auflegen. Die anderen beiden als Schnauze aufs Gesicht drücken.

7. Mit einem Zahnstocher kleine Löcher auf die Schnauze stechen. Das sind die Schnurrhaare. Zum Schluss mit der Zuckerschrift Augen, Nase und Mund auf das Löwengesicht malen. Den Cupcake zum Trocknen beiseitestellen.

8. Insgesamt 12 Löwen-Cupcakes herstellen. Sobald die Zuckerschrift getrocknet ist, können die Cupcakes serviert werden.

3

3

4

Flamingo-Cupcakes

Ergibt 12

200 g Mehl

1½ TL Backpulver

¼ TL Salz

125 g weiche Butter

200 g Feinstzucker

einige Tropfen Vanillearoma

2 Eier, Größe L

125 ml Milch

Glasur

125 g weiche Butter

250 g Puderzucker, bei
Bedarf etwas mehr

1 EL Milch

einige Tropfen Vanillearoma

1 Prise Salz

Lebensmittelfarbe in Blau

Flamingos

Lebensmittelfarbe in Rosa

250 g Rollfondant in Rosa

Speisestärke, zum Bestäuben

Zuckerschrift in Schwarz

1 kleines Eiweiß, verquirlt

Dekorzucker in Rosa

1. Für die Flamingos einige Tropfen Lebensmittelfarbe in den Fondant rollen, um die Farbe zu verstärken. Die Arbeitsfläche mit Speisestärke bestäuben und den Rollfondant darauf ausrollen.

2. Den Fondant in 3 Portionen teilen und die erste Portion 3 mm dick ausrollen. Mit einem maximal 6 cm hohen Flamingo-Ausstecher 4 Flamingos ausstechen. Die Flamingos sollten nicht höher als 6 cm sein, da sie sonst brechen. Insgesamt 12 Flamingos aus dem Rollfondant ausstechen. Die Flamingos über Nacht trocknen lassen.

3. Mit der schwarzen Zuckerschrift von beiden Seiten Augen und Schnabel auf die Flamingos malen. Für die Flügel Eiweiß in Form eines Flügels auf die Flamingos streichen. Den Dekorzucker daraufstreuen.

4. Den Backofen auf 180°C vorheizen und ein Cupcake-Backblech mit 12 Mulden mit Papierförmchen auslegen.

5. Mehl, Backpulver und Salz in einer Schüssel vermengen. Butter und Feinstzucker in einer weiteren Schüssel schaumig schlagen. Das Vanillearoma zugeben und unter ständigem Rühren die Eier einzeln zufügen. Die Hälfte der Mehlmischung und die Milch sorgfältig untermischen. Zum Schluss die restliche Mehlmischung einrühren.

6. Den Teig auf die Papierförmchen verteilen und 20 Minuten im vorgeheizten Ofen backen, bis die Cupcakes aufgegangen sind und ein in die Mitte gestochener Holzspieß sauber wieder herausgezogen werden kann. 1–2 Minuten abkühlen lassen, dann zum vollständigen Auskühlen aus der Form nehmen und auf ein Kuchengitter setzen.

7. Für die Glasur Butter, Puderzucker, Milch, Vanillearoma und Salz in eine Schüssel geben und mit dem Mixer cremig rühren. Falls nötig, mehr Puderzucker zufügen, um die gewünschte Konsistenz zu erhalten. Einige Tropfen blaue Lebensmittelfarbe untermischen und rühren, bis der Teig gleichmäßig eingefärbt ist. Gegebenenfalls mehr Lebensmittelfarbe hinzufügen, bis die Glasur ein kräftiges Türkis hat. Die Glasur dann in einen Spritzbeutel mit Sterntülle füllen.

8. Die Glasur auf die Cupcakes spritzen und je 1 Flamingo mittig in jeden Cupcake stecken. Die Cupcakes möglichst sofort servieren.

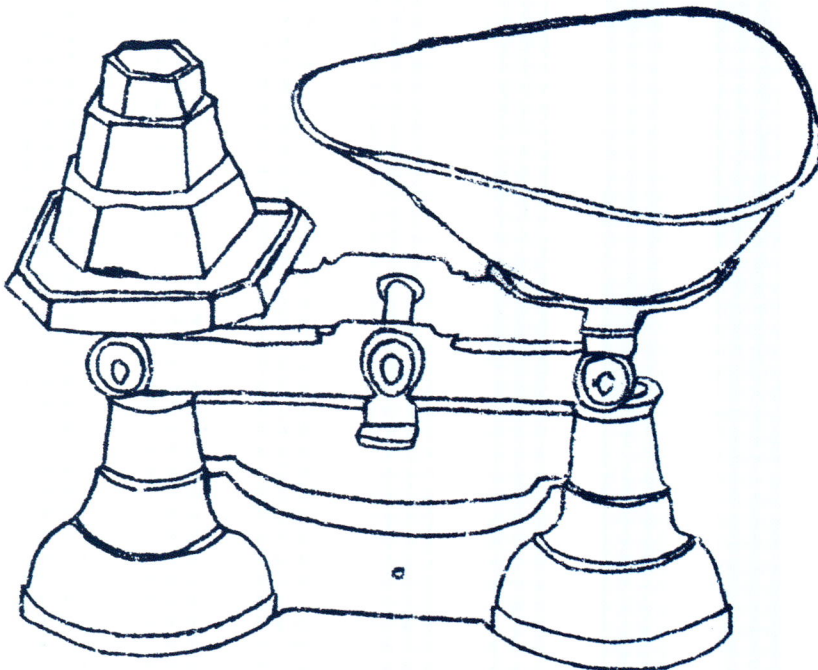

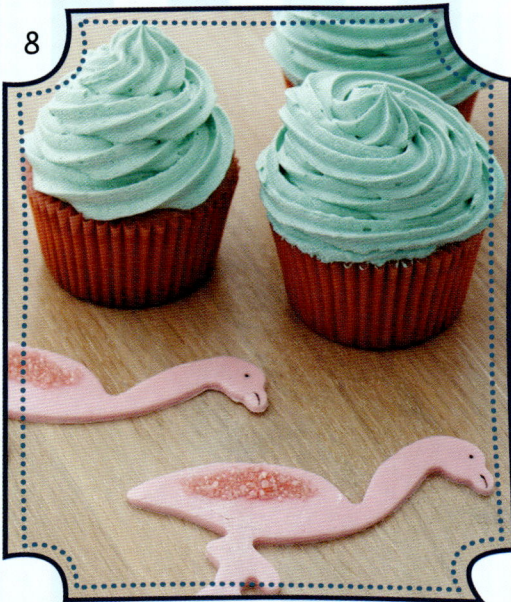

Profi-Tipp

Damit die Flamingos
aufrecht stehen bleiben
und nicht brechen,
sollte der Rollfondant
nicht zu dünn ausgerollt
werden.

Kokosbärchen-Cupcakes

Ergibt 12

200 g Mehl

1½ TL Backpulver

¼ TL Salz

125 g weiche Butter

200 g Rohrzucker

einige Tropfen Kokosaroma

2 Eier, Größe L

125 ml Kokosmilch

Glasur

4 Eiweiß von Eiern in Größe L

60 g Zucker

150 g weiche Butter

einige Tropfen Kokosaroma

2 EL Kokoscreme

1 Prise Salz

Kokosbärchen

12 weiße Marshmallows

225 g Kokosraspel

250 g Rollfondant

Zuckerschrift in Braun

1. Den Backofen auf 180°C vorheizen und ein Cupcake-Backblech mit 12 Mulden mit Papierförmchen auslegen.

2. Mehl, Backpulver und Salz in einer Schüssel vermengen. Butter und Rohrzucker in einer weiteren Schüssel hell und schaumig schlagen. Das Kokosaroma einrühren und die Eier unter ständigem Rühren nacheinander zufügen. Die Hälfte der Mehlmischung und die Kokosmilch sorgfältig untermischen. Zum Schluss die restliche Mehlmischung einrühren.

3. Den Teig in die vorbereiteten Papierförmchen füllen und im vorgeheizten Ofen 20 Minuten backen, bis die Cupcakes aufgegangen und goldbraun sind. 1-2 Minuten abkühlen lassen, dann zum vollständigen Auskühlen aus der Form nehmen und auf ein Kuchengitter setzen.

4. Für die Glasur Eiweiß und Zucker in eine ofenfeste Schüssel geben, über einen Topf mit köchelndem Wasser setzen und schlagen, bis der Zucker vollständig aufgelöst ist. Vom Herd nehmen und 4–5 Minuten weiterschlagen, bis der Schaum steif wird und sich weiße Spitzen bilden. Die Butter esslöffelweise zufügen und weiterrühren, bis sich weiße Spitzen bilden. Dann Kokosaroma, Kokoscreme und Salz sorgfältig untermischen.

5. Mithilfe eines Palettenmessers ein wenig Glasur auf die Cupcakes streichen und je 1 Marshmallow mittig auf jeden Cupcake setzen. Die restliche Glasur so auf den Cupcakes verteilen, dass die Marshmallows nicht mehr zu sehen sind.

6. Die Kokosraspel in eine flache Schale füllen und die Cupcakes mit der Glasur darin wenden, bis sie vollständig mit Raspeln bedeckt sind.

7. Zum Dekorieren den Fondant in 12 gleich große Stücke teilen. Jedes Stück in 6 gleich große Teile schneiden. 2 dieser je 6 Teile zu Ovalen für die hinteren Tatzen formen und 2 zu Kreisen für die vorderen. Die Tatzen auf einen Cupcake drücken. Dann mit einem weiteren Teil einen flachen Kreis für das Maul formen und diesen an der richtigen Stelle auf den Cupcake drücken. Das letzte Stück in zwei Teile schneiden, die dann zu kleinen Ohren geformt und an den Bär gesteckt werden.

8. Mit der Zuckerschrift Augen, Nase, Mund und Tatzen aufmalen. Zum Trocknen beiseitestellen.

9. Mit den restlichen Cupcakes ebenso verfahren, sodass 12 zuckersüße Kokosbären entstehen. Sobald die Zuckerschrift getrocknet ist, die Cupcakes servieren.

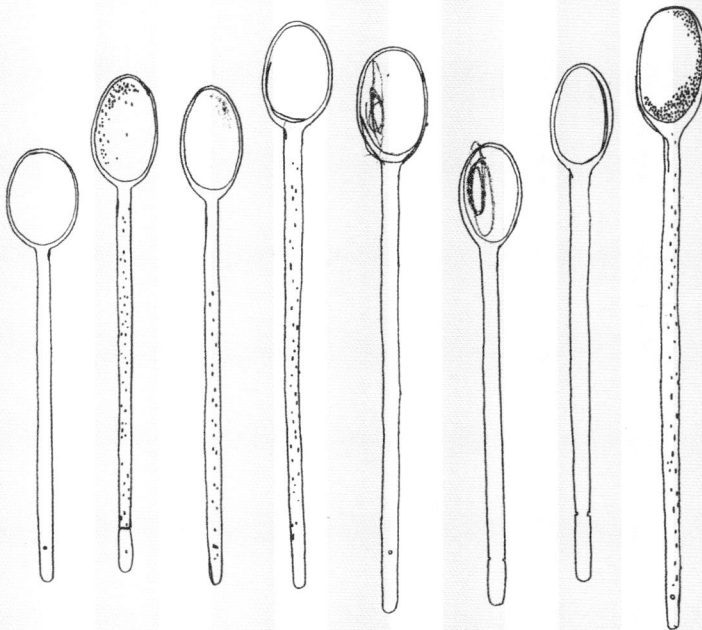

3

5

6

Profi-Tipp

Für etwas farbenfrohere Bären
können Sie die Kokosflocken
mit Lebensmittelfarbe bunt
einfärben, bevor Sie die
Cupcakes darin wenden.

Kaktus-Cupcakes

Ergibt 12

200 g Mehl

1½ TL Backpulver

¼ TL Salz

125 g weiche Butter

200 g Feinstzucker

einige Tropfen Vanillearoma

2 Eier, Größe L

fein abgeriebene Schale und
Saft von 1 Limette

125 ml Milch

Glasur

125 g weiche Butter

250 g Puderzucker, bei Bedarf
etwas mehr

1 EL Limettensaft

1 TL abgeriebene Limettenschale

Zum Dekorieren

280 g Rollfondant in Grün

Speisestärke, zum Bestäuben

70 g Rollfondant in Rosa

1 kleines Eiweiß, verquirlt

Dekorzucker in Grün

125 g Vollkornkekse, zerkrümelt

1. Für die Dekoration die Arbeitsfläche mit Speisestärke bestreuen und den grünen Rollfondant 5 mm dick ausrollen. 12 Kakteen daraus ausschneiden und zum Trocknen beiseitelegen. Den rosa Rollfondant auf der Arbeitsplatte 5 mm dick ausrolllen. 60 winzige Blüten aus dem Fondant schneiden.

2. Die getrockneten Kakteen mit dem Eiweiß bepinseln und die Blüten aufkleben. Mit Dekorzucker bestreuen und beiseitestellen.

3. Den Backofen auf 180°C vorheizen und ein Cupcake-Backblech mit 12 Mulden mit Papierförmchen auslegen.

4. Mehl, Backpulver und Salz in einer Schüssel vermengen. Butter und Feinstzucker in einer weiteren Schüssel hell und schaumig schlagen. Das Vanillearoma zugeben, dann unter ständigem Rühren die Eier einzeln zufügen. Limettenabrieb und -saft unterrühren. Mehlmischung und Milch einrühren.

5. Den Teig in die vorbereiteten Papierförmchen füllen und im vorgeheizten Ofen 20 Minuten backen, bis die Cupcakes aufgegangen und goldbraun sind. 1–2 Minuten abkühlen lassen, dann zum vollständigen Auskühlen aus der Form nehmen und auf ein Kuchengitter setzen.

6. Für die Glasur Butter, Puderzucker, Limettensaft und -abrieb in eine Schüssel geben und cremig rühren. Falls nötig, mehr Puderzucker zufügen.

7. Die Glasur gleichmäßig auf den Cupcakes verstreichen. Mit den Keksrümeln bestreuen und je 1 Kaktus mittig in jeden Cupcake stecken.

KAPITEL 4
SCHAURIG-SÜSS

Schlaue Köpfchen

Ergibt 12

90 g Mehl

1 gestrichener TL Backpulver

1 große Prise Salz

60 g weiche Butter, plus
etwas mehr zum Einfetten

100 g Feinstzucker

einige Tropfen Vanillearoma

1 Ei, Größe L

4 EL Milch

Zuckerglasur

60 g weiche Butter

125 g Puderzucker,
bei Bedarf etwas mehr

1 EL Milch

einige Tropfen Vanillearoma

1 Prise Salz

Füllung

160 g Erdbeer- oder
Himbeerkonfitüre

Schoko-Glasur

225 g weiße Kuvertüre, in
Stücke gebrochen

1 EL Pflanzenöl

Lebensmittelfarbe in Rosa
und Schwarz

1. Den Backofen auf 180 °C vorheizen. Eine rechteckige Backform (10 cm x 20 cm) mit Backpapier auslegen.

2. Mehl, Backpulver und Salz in einer Schüssel vermengen. Butter und Feinstzucker in einer weiteren Schüssel schaumig schlagen. Vanillearoma und Ei vorsichtig untermischen. Dann die Hälfte der Mehlmischung und die Milch einrühren. Zum Schluss die restliche Mehlmischung beimengen.

3. Den Teig in die Backform füllen und glatt streichen. 20 Minuten im Ofen backen, bis der Kuchen aufgegangen und goldbraun ist. 1–2 Minuten abkühlen lassen, dann zum vollständigen Auskühlen aus der Form lösen und auf ein Kuchengitter setzen.

4. Für die Zuckerglasur die Butter in eine Schüssel geben und mit dem Mixer cremig rühren. Puderzucker, Milch, Vanillearoma und Salz zufügen und alles glatt rühren. Falls nötig, mehr Puderzucker zufügen, um die gewünschte Konsistenz zu erhalten.

5. Den Kuchen in die Schüssel zur Glasur bröseln. Dabei am besten zwischen den Händen verreiben, damit feine Krümel entstehen. Die Kuchenkrümel mit der Glasur vermischen und 30 Minuten in den Kühlschrank stellen.

6. Um die kleinen Gehirne herzustellen, eine walnussgroße Menge Kuchenmischung zu einer Kugel formen. Mit dem Zeigefinger ein tiefes Loch in die Kugel drücken und 1 Teelöffel Konfitüre hineinfüllen. Das Loch mit etwas Kuchenmischung schließen und die Kugel zu einem Oval formen. Mit dem Stiel eines Kochlöffels längs eine Einbuchtung in das Oval drücken, um die Form eines Gehirns mit zwei Hälften nachzubilden. Das Gehirn auf ein Stück Backpapier legen und insgesamt 12 herstellen. Zum Kühlen etwa 30 Minuten in den Kühlschrank legen.

7. Für die Schoko-Glasur Kuvertüre und Öl in eine hitzebeständige Schüssel geben und über einem Wasserbad schmelzen, dabei immer wieder umrühren. Einige Trop-fen rosa Lebensmittelfarbe und einen Tropfen schwarze Lebensmittelfarbe unter die geschmolzene Schokolade rühren, um eine rosa-graue Färbung zu erhalten. Gegebenenfalls mehr Lebensmittelfarbe zufügen, um den gewünschten Farbton zu erhalten.

8. Die glasierten Gehirne aus dem Kühlschrank nehmen und mit der Schoko-Glasur überziehen. Dazu immer 1 Gehirn auf eine Gabel setzen und in die Schokolade tauchen. Die überflüssige Schokolade in die Schüssel zurücktropfen lassen, dann das Gehirn zurück aufs Backpapier legen. Mit den restlichen Kuchenhirnen ebenso verfahren. 30 Minuten in den Kühlschrank stellen, bis die Schokolade fest ist.

9. Die restliche Schokoladenglasur erneut über dem Wasserbad schmelzen und in einen Spritzbeutel mit kleiner Lochtülle füllen. Die Gehirne aus dem Kühlschrank nehmen und die Glasur schnörkelig auf die Gehirne spritzen, sodass sie möglichst echt aussehen. Die fertigen Gehirne noch einmal zum Festwerden in den Kühlschrank geben, anschließend servieren.

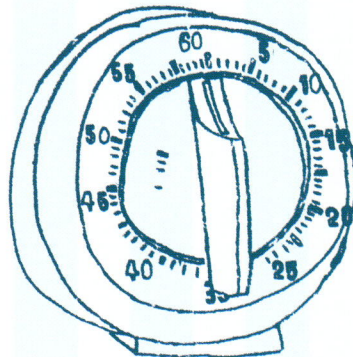

6

8

9

Profi-Tipp

Die Kuvertüre als Glasur verleiht den schlauen Köpfchen Biss. Nach dem Trocknen ist sie schön knusprig.

Gruselige Halloween-Äpfel

Ergibt 12

200 g Mehl

1½ TL Backpulver

1 TL gemahlener Ingwer

1 TL Zimt

1 Msp. geriebene Muskatnuss

¼ TL Salz

125 g weiche Butter

200 g Feinstzucker

einige Tropfen Vanillearoma

2 Eier, Größe L

120 g Apfelmus

Füllung

350 g Apfelmus

50 g Rohrzucker

1 EL Mehl

¼ TL gemahlener Zimt

Glasur

225 g weiche Butter

425 g Puderzucker, bei Bedarf
etwas mehr

2 EL Milch

einige Tropfen Vanillearoma

1 TL gemahlener Zimt

Lebensmittelfarbe in Rot

Zum Dekorieren

Dekorzucker in Rot

je 100 g Rollfondant in
Braun und Grün

12 Fruchtgummiwürmer

1. Den Backofen auf 180°C vorheizen und ein Cupcake-Backblech mit 12 Mulden mit Papierförmchen auslegen.

2. Mehl, Backpulver, Ingwer, Zimt, Muskatnuss und Salz in einer Schüssel vermengen. Butter und Feinstzucker in einer weiteren Schüssel schaumig schlagen. Das Vanillearoma untermischen und unter ständigem Rühren die Eier einzeln zufügen. Die Hälfte der Mehlmischung und das Apfelmus dazugeben und weiterrühren. Zum Schluss die restliche Mehlmischung beimengen.

3. Den Teig in die vorbereiteten Papierförmchen füllen und im vorgeheizten Ofen 20 Minuten backen, bis die Cupcakes aufgegangen und goldbraun sind. 1–2 Minuten abkühlen lassen, dann zum vollständigen Auskühlen aus der Form lösen und auf ein Kuchengitter setzen.

4. Für die Füllung alle Zutaten in einem Topf auf mittlerer Stufe erhitzen. Unter ständigem Rühren zum Kochen bringen und 1–2 Minuten köcheln lassen, bis die Mischung andickt. Beiseitestellen.

5. Für die Glasur Butter, Puderzucker, Milch, Vanillearoma und Zimt in einer Schüssel cremig rühren. Falls nötig, mehr Puderzucker zufügen, um die gewünschte Konsistenz zu erhalten. Rote Lebensmittelfarbe untermixen, bis die Glasur gleichmäßig kräftig rot eingefärbt ist. Gegebenenfalls mehr Farbe einrühren.

6. Mit einem Apfelausstecher mittig ein Loch in jeden Cupcake stechen und die Füllung hineingeben.

7. Die Glasur mit einem Palettenmesser kuppelartig auf den Cupcakes verstreichen und anschließend ein kleines Loch oben hineindrücken. Den Dekorzucker in eine flache Schale geben und die Cupcakes mit der Glasur im Zucker rollen, bis sie vollständig damit bedeckt sind.

8. Für die Apfelstiele ein 5-mm-Stück braunen Fondant zu einem etwa 1 cm langen Stiel rollen. Mit dem restlichen Fondant ebenso verfahren, um insgesamt 12 Apfelstiele zu bilden. Je 1 Stiel in das Loch oben in den Cupcake stecken. Für die Blätter den grünen Fondant ausrollen und 12 kleine Blätter ausschneiden. Je 1 Blatt neben den Stiel in jeden Cupcake stecken.

9. Vor dem Servieren mit einem Stäbchen seitlich ein Loch in jeden Cupcake stechen und je 1 Fruchtgummiwurm hineinstecken.

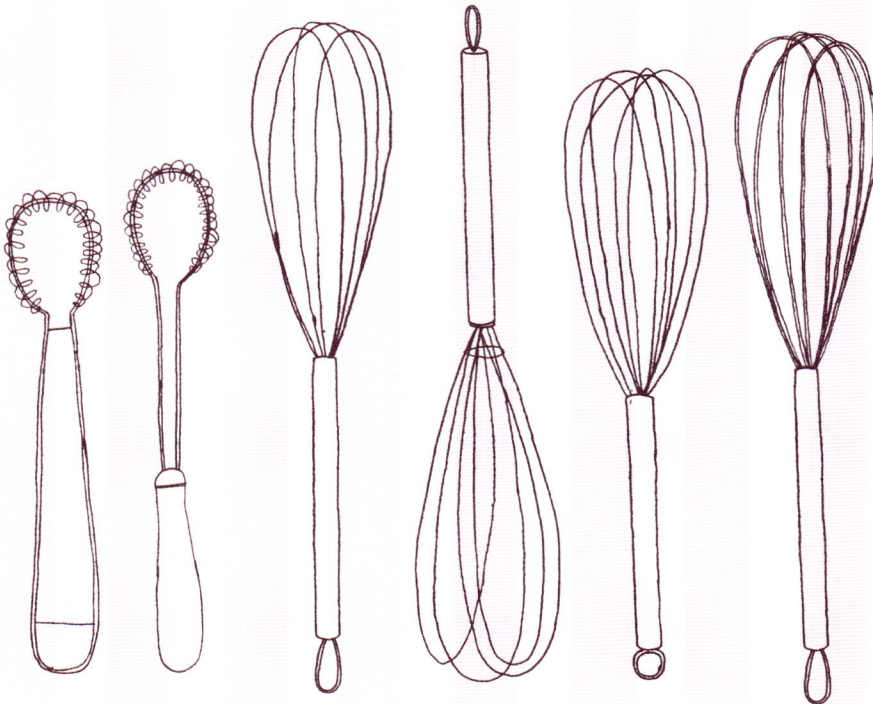

8

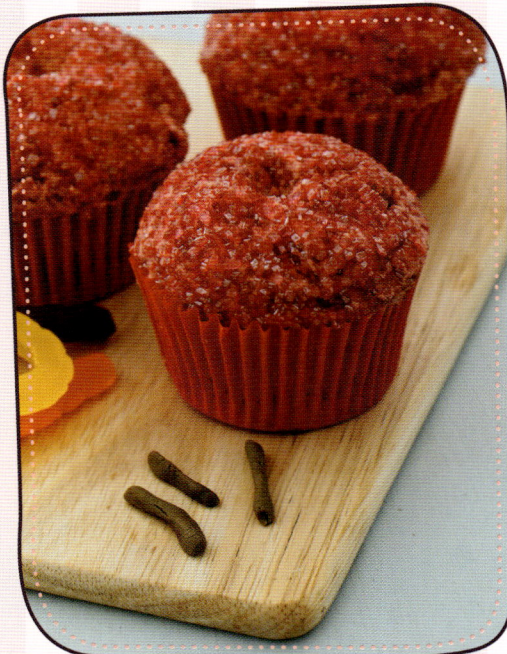

Profi-Tipp

Wenn Sie keine Fruchtgummiwürmer finden, können Sie sie
auch aus Fondant selbst herstellen – so wie die Apfelstiele.

Neon-Cupcakes

Ergibt 12

200 g Mehl

1½ TL Backpulver

¼ TL Salz

125 g weiche Butter

200 g Feinstzucker

einige Tropfen Vanillearoma

2 Eier, Größe L

125 ml Milch

350 g weiße Kuvertüre,
zum Dekorieren

Glasur

125 g weiche Butter

250 g Puderzucker, bei Bedarf
etwas mehr

1 EL Milch

einige Tropfen Vanillearoma

1 Prise Salz

4 verschiedene Lebensmittelfarben,
möglichst leuchtende Farbtöne

1. Den Backofen auf 180 °C vorheizen. Zwei Backbleche mit Backpapier belegen und ein Cupcake-Backblech mit 12 Mulden mit Papierförmchen auslegen.

2. Mehl, Backpulver und Salz in einer Schüssel vermengen. Butter und Feinstzucker in einer weiteren Schüssel schaumig schlagen. Das Vanillearoma untermischen und unter ständigem Rühren die Eier einzeln zufügen. Mehlmischung und Milch sorgfältig einrühren.

3. Den Teig in die vorbereiteten Papierförmchen füllen und im vorgeheizten Ofen 20 Minuten backen, bis die Cupcakes aufgegangen und goldbraun sind. 1–2 Minuten abkühlen lassen, dann zum vollständigen Auskühlen aus der Form lösen und auf ein Kuchengitter setzen.

4. Für die Glasur Butter, Puderzucker, Milch, Vanillearoma und Salz in einer Schüssel cremig rühren. Falls nötig, mehr Puderzucker zufügen. Die Glasur gleichmäßig auf 4 Schüsseln verteilen und jede mit einer anderen Lebensmittelfarbe einfärben. In je einen Spritzbeutel mit Sterntülle füllen. Bis zur Weiterverarbeitung kalt stellen.

5. Für die Spinnennetze die Kuvertüre in eine hitzebeständige Schüssel geben und über einem Wasserbad unter Rühren schmelzen. In einen Spritzbeutel mit feiner Lochtülle füllen und damit insgesamt 12 Spinnennetze auf die vorbereiteten Backbleche spritzen. Zum Trocknen in den Kühlschrank stellen.

6. Die Glasur spiralförmig auf die Cupcakes spritzen und auf jeden Cupcake ein Spinnennetz legen.

5

6

6

Süße Gespenster

Ergibt 6

140 g Mehl

2 TL Lebkuchengewürz

1 gestrichener TL Speisenatron

85 g weiche Butter

85 g Muskovado-Zucker

1 EL Melasse

2 Eier

Glasur

85 g weiche Butter

1 EL gezuckerte Kondensmilch

175 g Puderzucker, bei Bedarf
etwas mehr

Zum Dekorieren

350 g Rollfondant in Weiß

Puderzucker, zum Bestäuben

Zuckerschrift in Schwarz

1. Den Backofen auf 180 °C vorheizen. Ein Cupcake-Backblech mit 12 Mulden mit Papierförmchen auslegen. Zusätzlich in einem Mini-Cupcake-Backblech 6 Mulden mit Papierförmchen auslegen.

2. Mehl, Lebkuchengewürz und Speisenatron in eine Schüssel sieben. Butter, Muskovado-Zucker und Melasse in einer zweiten Schüssel schaumig schlagen. Die Eier unter ständigem Rühren einzeln zufügen. Die Mehlmischung in zwei Portionen einrühren.

3. Den Teig auf die 18 Papierförmchen verteilen. Die Mini-Cupcakes etwa 10 Minuten im Ofen backen, die normalen Cupcakes 20 Minuten. 1–2 Minuten abkühlen lassen, dann zum vollständigen Auskühlen aus der Form lösen und auf ein Kuchengitter setzen.

4. Für die Glasur alle Zutaten in eine Schüssel geben und mit dem Mixer cremig rühren. Falls nötig, mehr Puderzucker zufügen.

5. Das Papier von den Mini-Cupcakes und von 6 normalen Cupcakes entfernen. Etwas Glasur auf die restlichen 6 Cupcakes im Papierförmchen streichen und zuerst einen normalen Cupcake ohne Papier umgedreht daraufsetzen. Darauf einen Mini-Cupcake setzen. Insgesamt 6 Cupcake-Türme herstellen. Die Glasur auf den Türmchen verteilen. 30 Minuten in den Kühlschrank stellen.

6. 50 g weißen Fondant abschneiden und 6 gleich große Kugeln daraus formen. Auf jeden Cupcake 1 Kugel setzen. Aus dem restlichen Fondant 6 Kreise mit 14 cm Durchmesser ausrollen. Je 1 Fondantkreis als Gespensterumhang über jedem Cupcake drapieren und mit der Zuckerschrift die Augen aufmalen. Dann Servieren.

Profi-Tipp
Der Rollfondant für die
Gespensterumhänge muss
zügig verarbeitet werden, da
er schnell austrocknet und
dann hart wird.

135

Zombie-Gräber

Ergibt 12

125 g Mehl

60 g Kakaopulver

1½ TL Backpulver

¼ TL Salz

125 g weiche Butter

200 g Feinstzucker

einige Tropfen Vanillearoma

2 Eier, Größe L

125 g Sahne

Ganache

350 g Vollmilchschokolade,
gehackt

125 g Sahne

4 EL heller Zuckerrübensirup

Zum Dekorieren

Lebensmittelfarbe in Grün

85 g Rollfondant in Weiß

175 g Vollmilchkuvertüre,
grob gehackt

Zuckerschrift in Weiß

125 g Vollkornbutterkekse,
zerbröselt

1. Für die Zombie-Hände ein großes Stück Backpapier auslegen. Einige Tropfen grüne Lebensmittelfarbe unter den Fondant kneten, bis er gleichmäßig hellgrün gefärbt ist. Ein 2 cm großes Stück Fondant abschneiden und zu einem flachen Rechteck (6 cm x 2,5 cm) ausrollen. Aus diesem Rechteck einen Unterarm mit Hand ausschneiden. Der Arm sollte etwa 4 cm lang sein. Die Kanten mit Ihren Fingern glatt streichen. Insgesamt 12 Hände formen. Die Zombie-Hände beiseitestellen und über Nacht trocknen lassen.

2. Den Backofen auf 180°C vorheizen und ein Cupcake-Backblech mit 12 Mulden mit Papierförmchen auslegen.

3. Mehl, Kakaopulver, Backpulver und Salz in einer Schüssel vermengen. Butter und Feinstzucker in einer zweiten Schüssel schaumig schlagen. Das Vanillearoma untermischen und unter ständigem Rühren die Eier einzeln zufügen. Mehlmischung und Sahne sorgfältig unterrühren.

4. Den Teig auf die Papierförmchen verteilen und 20 Minuten im vorgeheizten Ofen backen, bis die Cupcakes aufgegangen sind und ein in die Mitte gestochener Holzspieß sauber wieder herausgezogen werden kann. 1-2 Minuten abkühlen lassen, dann zum vollständigen Auskühlen aus der Form lösen und auf ein Kuchengitter setzen.

5. Für die Grabsteine die Kuvertüre in eine hitzebeständige Schüssel geben und über einem Wasserbad schmelzen, dabei immer wieder umrühren.

6. 12 Grabsteine (6 cm x 4 cm) auf ein großes Stück Backpapier zeichnen. Das Papier umdrehen, sodass die Zeichnung auf der anderen Seite ist und durchscheint. 1 Teelöffel geschmolzene Kuvertüre auf jeden Umriss geben und die Schokolade mit dem Löffelrücken glatt streichen. Insgesamt 12 Grabsteine herstellen. Das Backpapier mit den Schoko-Grabsteinen 10 Minuten zum Festwerden in den Kühlschrank legen. Aus dem Kühlschrank nehmen und mit der Zuckerschrift auf jeden Grabstein die Buchstaben RIP (Rest in Peace) schreiben.

7. Für die Ganache Schokolade und Sahne in eine hitzebeständige Schüssel geben und über einem Wasserbad schmelzen, dabei immer wieder umrühren. Den Zuckerrübensirup untermischen. Den Topf vom Herd nehmen und die Schüssel zum Abkühlen beiseitestellen.

8. Sobald die Cupcakes vollständig abgekühlt sind, die Ganache daraufflöffeln und gleichmäßig mit dem Löffelrücken verstreichen. Zum Schluss die Keksbrösel auf die Ganache streuen.

9. In jeden Cupcake 1 Grabstein stecken. Genau mittig vor den Grabstein je 1 Arm hineinstecken. Es soll so aussehen, als würde die Hand aus dem Grab herausragen. Sobald die Ganache fest ist, servieren.

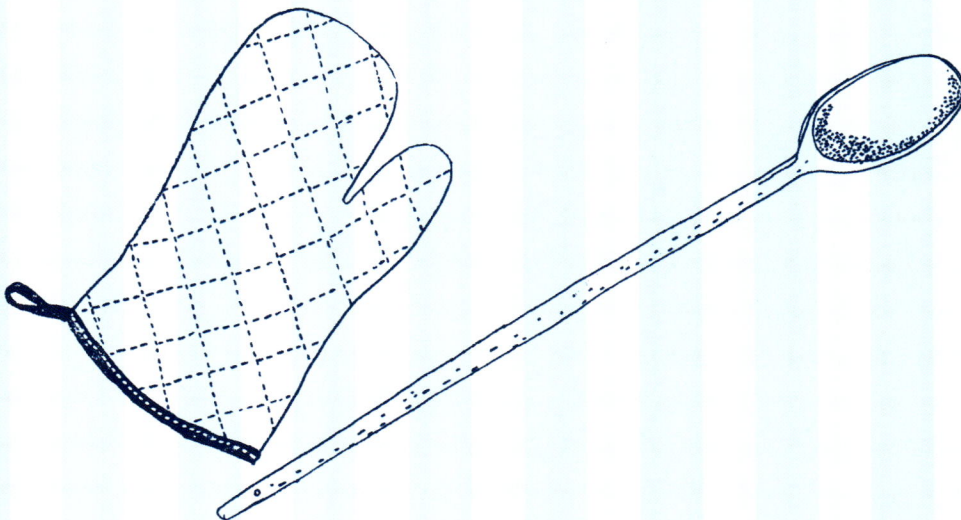

139

Kleine Kürbisse

Ergibt 12

200 g Mehl

1½ TL Backpulver

1 gestrichener TL Zimt

1 gestrichener TL gemahlener Ingwer

¼ TL Salz

1 Msp. geriebene Muskatnuss

1 Msp. Piment

125 g weiche Butter

100 g Feinstzucker

100 g Rohrzucker

einige Tropfen Vanillearoma

2 Eier, Größe L

175 g Kürbis aus dem Glas, püriert

Glasur

125 g weiche Butter

250 g Puderzucker, bei Bedarf etwas mehr

1 EL Milch

einige Tropfen Vanillearoma

1 TL Zimt

1 Prise Salz

Lebensmittelfarbe in Rot

Lebensmittelfarbe in Gelb

Zum Dekorieren

Dekorzucker in Orange

60 g Rollfondant in Grün

1. Den Backofen auf 180°C vorheizen und ein Cupcake-Backblech mit 12 Mulden mit Papierförmchen auslegen.

2. Mehl, Backpulver, Zimt, Ingwer, Salz, Muskatnuss und Piment in einer Schüssel vermengen. Butter, Feinstzucker und Rohrzucker in einer zweiten Schüssel schaumig schlagen. Das Vanillearoma untermischen und unter ständigem Rühren die Eier einzeln zufügen. Mehlmischung und Kürbispüree untermischen.

3. Den Teig in die vorbereiteten Papierförmchen füllen und im vorgeheizten Ofen 20 Minuten backen, bis die Cupcakes aufgegangen und goldbraun sind. 1–2 Minuten abkühlen lassen, dann zum vollständigen Auskühlen aus der Form lösen und auf ein Kuchengitter setzen.

4. Für die Glasur Butter, Zucker, Milch, Vanillearoma, Zimt und Salz in einer Schüssel cremig rühren. Falls nötig, mehr Puderzucker zufügen. Einige Tropfen rote und gelbe Lebensmittelfarbe unterrühren und den Teig gleichmäßig in ein kräftiges Orange einfärben.

5. Mithilfe eines Palettenmessers auf jedem Cupcake 1 Esslöffel Glasur kuppelförmig verstreichen. In jeden Cupcake oben eine Mulde für den Stiel drücken. Den Dekorzucker in eine flache Schale geben und jeden Cupcake mit der Glasur im Zucker rollen.

6. 12 kleine Stücke Fondant abbrechen und jedes zu einem 2,5 cm langen Stiel ausrollen. Jeden Stiel in die dafür vorgesehene Mulde im Cupcake stechen und dann servieren.

5

5

6

Fliegenpilze

Ergibt 12

200 g Mehl

1½ TL Backpulver

¼ TL Salz

125 g weiche Butter

200 g Feinstzucker

einige Tropfen Vanillearoma

2 Eier, Größe L

125 ml Milch

85 g Rollfondant in Weiß,
zum Dekorieren

Puderzucker, zum Bestäuben

Glasur

125 g weiche Butter

250 g Puderzucker, bei Bedarf
etwas mehr

1 EL Milch

einige Tropfen Vanillearoma

1 Prise Salz

Lebensmittelfarbe in Rot

1. Den Backofen auf 180°C vorheizen und ein Cupcake-Backblech mit 12 Mulden mit Papierförmchen auslegen.

2. Mehl, Backpulver und Salz in einer Schüssel vermengen. Butter und Feinstzucker in einer zweiten Schüssel schaumig schlagen. Das Vanillearoma untermischen und unter ständigem Rühren die Eier einzeln zufügen. Mehlmischung und Milch sorgfältig einrühren.

3. Den Teig auf die vorbereiteten Papierförmchen verteilen und im vorgeheizten Ofen 20 Minuten backen, bis die Cupcakes aufgegangen und goldbraun sind. 1–2 Minuten abkühlen lassen, dann zum vollständigen Auskühlen aus der Form lösen und auf ein Kuchengitter setzen.

4. Für die Glasur Butter, Puderzucker, Milch, Vanillearoma und Salz in einer Schüssel cremig rühren. Falls nötig, mehr Puderzucker zufügen. Einige Tropfen rote Lebensmittelfarbe unterrühren und den Teig gleichmäßig kräftig rot einfärben.

5. Den Fondant auf einer mit Puderzucker bestäubten Arbeitsfläche ausrollen. 60 Kreise mit 5 mm Durchmesser ausstechen.

6. Das Papier von den Cupcakes entfernen, oben eine Pilzkappe abschneiden und beiseitelegen. Die unteren Stücke mit einem runden Ausstecher mit 4 cm Durchmesser zu Pilzstielen zurechtschneiden. Auf jedem Stiel oben etwas Glasur verstreichen und eine Cupcake-Kappe daraufsetzen. Die restliche Glasur auf den Pilzkappen verstreichen und je 5 Fondantpunkte auf jeden Fliegenpilz aufdrücken.

5

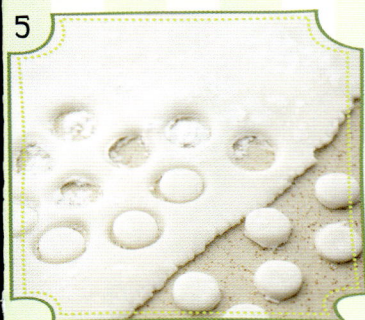

6

6

Blaue Kraken

Ergibt 12

200 g Mehl

1½ TL Backpulver

¼ TL Salz

125 g weiche Butter

200 g Feinstzucker

einige Tropfen Vanillearoma

2 Eier, Größe L

125 ml Milch

Glasur

125 g weiche Butter

250 g Puderzucker, bei
Bedarf etwas mehr

1 EL Milch

einige Tropfen Vanillearoma

1 Prise Salz

Lebensmittelfarbe in Blau

Kraken-Deko

280 g Rollfondant in Weiß

Speisestärke, zum Bestäuben

Lebensmittelfarbe in Blau

1 kleines Eiweiß, verquirlt

80 g Marzipan, zu
24 gleich großen Kugeln
geformt

Zuckerschrift in Schwarz

1. Für die Kraken-Dekoration ein Backblech mit Backpapier belegen. Den Rollfondant auf einer mit Speisestärke bestäubten Arbeitsfläche ausbreiten. Blaue Lebensmittelfarbe gleichmäßig einkneten.

2. Für die Arme ein 1 cm großes Stück Fondant zu einer 7,5 cm langen Rolle formen. Den Arm zum Trocknen auf das vorbereitete Backblech legen und weitere 95 Arme fertigen.

3. Für die Köpfe den restlichen Fondant zu 12 gleich großen Kugeln rollen. Diese auf einer Seite andrücken, damit sie nicht wegrollen. Die Krakenköpfe zu den Armen aufs Backblech legen und alles zum Trocknen beiseitestellen.

4. Den Backofen auf 180°C vorheizen und ein Cupcake-Backblech mit 12 Mulden mit blauen Papierförmchen auslegen.

5. Mehl, Backpulver und Salz in einer Schüssel vermengen. Butter und Feinstzucker in einer zweiten Schüssel schaumig schlagen. Das Vanillearoma untermischen und unter ständigem Rühren die Eier einzeln zufügen. Die Hälfte der Mehlmischung und die Milch sorgfältig einrühren. Zum Schluss die restliche Mehlmischung beimengen.

6. Den Teig in die vorbereiteten Papierförmchen füllen und im vorgeheizten Ofen 20 Minuten backen, bis die Cupcakes aufgegangen und goldbraun sind. 1–2 Minuten abkühlen lassen, dann zum vollständigen Auskühlen aus der Form lösen und auf ein Kuchengitter setzen.

7. Für die Glasur Butter, Puderzucker, Milch, Vanillearoma und Salz in einer Schüssel mit dem Mixer cremig rühren. Falls nötig, mehr Puderzucker zufügen, um die gewünschte Konsistenz zu erhalten. Einige Tropfen blaue Lebensmittelfarbe einrühren und den Teig so einfärben, dass die Farbe mit dem blauen Fondant übereinstimmt.

8. Mithilfe des Eiweiß jeweils 2 Marzipankugeln als Augen auf jedem Cupcake befestigen. Mit der Zuckerschrift schwarze Pupillen in jedes Auge malen.

9. Die Glasur mithilfe eines Palettenmessers auf die obere Hälfte der Cupcakes streichen. Dann auf jeden Cupcake mittig einen Krakenkopf drücken. Um jeden Kopf jeweils 8 Krakenarme wellenförmig auf die Cupcakes legen. Die blauen Kraken können sofort serviert werden.

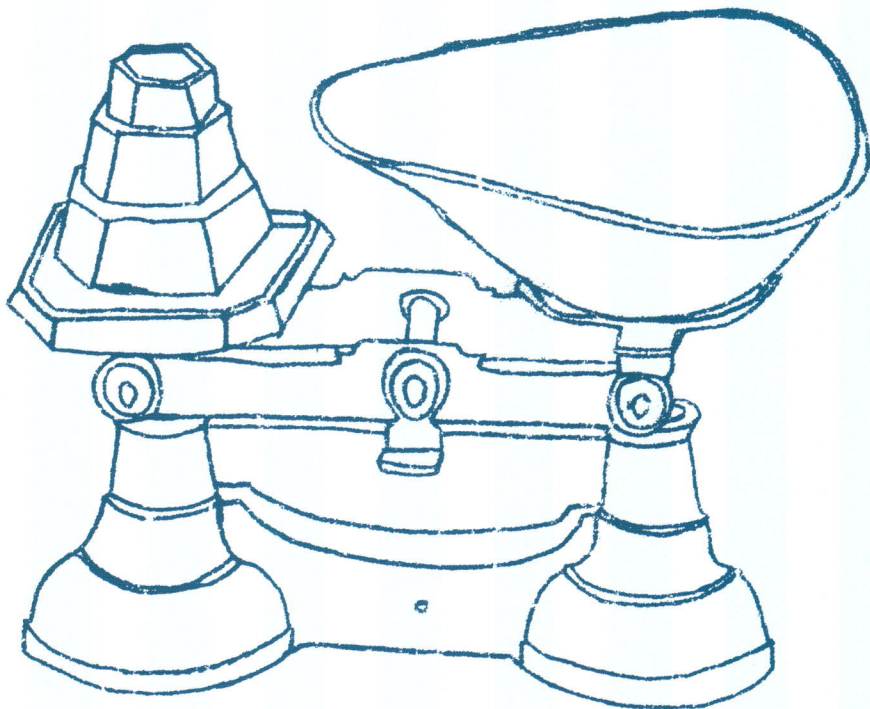

8

9

9

Profi-Tipp

Malen Sie mit der schwarzen Zuckerschrift noch weitere Details auf die Beine und den Kopf.

Gruselige Marshmallow-Monster

Ergibt 12

200 g Mehl

1½ TL Backpulver

¼ TL Salz

125 g weiche Butter

200 g Feinstzucker

einige Tropfen Vanillearoma

2 Eier, Größe L

125 ml Milch

Glasur

125 g weiche Butter

250 g Puderzucker, bei Bedarf etwas mehr

1 EL Milch

einige Tropfen Vanillearoma

1 Prise Salz

Lebensmittelfarbe in Rosa

Lebensmittelfarbe in Blau

Monster-Deko

1 Eiweiß, verquirlt

6 große runde Marshmallows, halbiert

12 kleine Marshmallows

200 g Marzipan, zu je 12 großen und kleinen Kugeln geformt

Zuckerschrift in Schwarz

60 g Rollfondant in Weiß

1. Den Backofen auf 180°C vorheizen und ein Cupcake-Backblech mit 12 Mulden mit Papierförmchen auslegen.

2. Mehl, Backpulver und Salz in einer Schüssel vermengen. Butter und Feinstzucker in einer zweiten Schüssel schaumig schlagen. Das Vanillearoma untermischen und unter ständigem Rühren die Eier einzeln zufügen. Mehlmischung und Milch sorgfältig einrühren.

3. Den Teig in die vorbereiteten Papierförmchen füllen und im vorgeheizten Ofen 20 Minuten backen, bis die Cupcakes aufgegangen und goldbraun sind. 1–2 Minuten abkühlen lassen, dann zum vollständigen Auskühlen aus der Form lösen und auf ein Kuchengitter setzen.

4. Für die Glasur Butter, Puderzucker, Milch, Vanillearoma und Salz in einer Schüssel cremig rühren. Falls nötig, mehr Puderzucker zufügen. Einige Tropfen rosa und blaue Lebensmittelfarbe unterrühren. Die Glasur in einen Spritzbeutel mit Sterntülle füllen.

5. Mit dem Eiweiß je 1 großen halbierten Marshmallow und daneben 1 kleinen Marshmallow auf jeden Cupcake kleben. Auf diese Marshmallows dann je 1 große bzw. 1 kleine Marzipankugel kleben. Mit der Zuckerschrift schwarze Pupillen aufmalen.

6. Die Glasur um die Augen auf die Cupcakes spritzen. Den Rollfondant ausbreiten und 24 kleine Dreiecke für die Reißzähne ausschneiden. Jeweils 2 Reißzähne auf jedem Cupcake auflegen. Die Marshmallow-Monster können nun serviert werden.

Profi-Tipp

Statt Marshmallow-Marzipan-
Augen können Sie auch
einfach fertige Fruchtgummi-
Augen nehmen.

Versteckte Hexen

Ergibt 12

200 g Mehl

1½ TL Backpulver

¼ TL Salz

125 g weiche Butter

200 g Feinstzucker

einige Tropfen Vanillearoma

2 Eier, Größe L

125 ml Milch

fein abgeriebene Schale und
Saft von 1 Limette

Lebensmittelfarbe in Grün

250 g Lemon Curd

Hexenbeine

Speisestärke, zum Bestäuben

280 g Rollfondant in Weiß

Lebensmittelfarbe in Schwarz

Zuckerschrift in Rot

1. Für die Hexenbeine die Arbeitsplatte mit Speisestärke bestreuen und den Fondant kneten. 12 Stücke à 2,5 cm abschneiden und jeweils zu einer 13 cm langen Rolle formen. Jede Rolle in der Mitte durch-schneiden. Das sind die 2 Hexenbeine.

2. Einige Tropfen schwarze Lebensmittelfarbe unter den restlichen Fondant kneten, bis er gleichmäßig schwarz gefärbt ist. 24 1 cm große Stücke abtrennen und zu 1 Stiefel formen. Jeden Stiefel an ein Hexenbein drücken. Zum Trocknen beiseitestellen.

3. Den Backofen auf 180°C vorheizen und ein Cupcake-Backblech mit 12 Mulden mit Papierförmchen auslegen.

4. Mehl, Backpulver und Salz in einer Schüssel vermengen. Butter und Feinstzucker in einer zweiten Schüssel schaumig schlagen. Das Vanillearoma untermischen und unter ständigem Rühren die Eier einzeln zufügen. Die Hälfte der Mehlmischung und die Milch sorgfältig einrühren. Dann die restliche Mehlmischung, Limettenabrieb und -saft einarbeiten.

5. Den Teig in die vorbereiteten Papierförmchen füllen und im vorgeheizten Ofen 20 Minuten backen, bis die Cupcakes aufgegangen und goldbraun sind. 1–2 Minuten abkühlen lassen, dann zum vollständigen Auskühlen aus der Form lösen und auf ein Kuchengitter setzen.

6. Einige Tropfen grüne Lebensmittelfarbe unter das Lemon Curd rühren, bis es leuchtend grün ist. Je 1 Esslöffel davon auf 12 Dessertteller geben. Mit der Zuckerschrift rote Streifen auf die Beine malen und diese auf Dessertteller legen. Auf jedes Beinpaar einen umgedrehten Cupcake setzen und servieren.

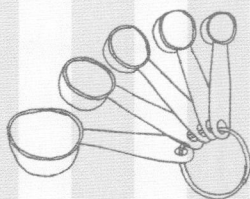

KAPITEL 5
ÜBERRASCHUNGEN

Verstecktes Herz

Ergibt 12

280 g Mehl

2¼ TL Backpulver

½ TL Salz

150 g weiche Butter, plus etwas mehr zum Einfetten

300 g Feinstzucker

einige Tropfen Vanillearoma

3 Eier, Größe L

175 ml Milch

Lebensmittelfarbe in Rosa

Dekorherzen, zum Dekorieren

Glasur

3 Eiweiß von Eiern in Größe L

175 g Zucker

225 g weiche Butter

einige Tropfen Vanillearoma

Lebensmittelfarbe in Rosa

1. Den Backofen auf 180°C vorheizen und eine Springform mit 24 cm Durchmesser einfetten. Eine Linie genau mittig durch alle 12 Papierförmchen zeichnen und diese in ein Cupcake-Backblech mit 12 Mulden setzen. Dabei sollten alle Striche in dieselbe Richtung zeigen. Die Herzen werden später ebenso ausgerichtet.

2. Mehl, Backpulver und Salz in einer Schüssel vermengen. Butter und Feinstzucker in einer zweiten Schüssel schaumig schlagen. Das Vanillearoma untermischen, dann unter ständigem Rühren die Eier einzeln zufügen. Mehlmischung und Milch sorgfältig einrühren.

3. Ein Drittel des Teigs in eine andere Schüssel füllen und mit einigen Tropfen rosa Lebensmittelfarbe gleichmäßig einfärben. Den Teig gleichmäßig in die vorbereitete Springform füllen und 18 Minuten im vorgeheizten Ofen backen, bis er gerade durch ist. 1–2 Minuten auskühlen lassen, dann aus der Form lösen und auf ein Kuchengitter heben. Den Ofen in der Zwischenzeit nicht ausschalten.

4. Mit einem 4 cm großen Herzausstecher 12 Herzen aus dem Kuchen stechen und den restlichen Kuchen für ein anderes Rezept aufbewahren oder entsorgen. Je 1 großen Esslöffel des restlichen Cupcake-Teigs in jedes Papierförmchen füllen. In jedes Förmchen ein Herz mit der Spitze nach unten drücken, das genau mit der Linie in der Form ausgerichtet ist. Den restlichen Teig darum verteilen. Das Backblech mit Alufolie abdecken, damit die Herzen nicht verbrennen.

5. 20 Minuten im Ofen backen, bis die Cupcakes aufgegangen und goldbraun sind. 1–2 Minuten abkühlen lassen, dann zum vollständigen Auskühlen aus der Form lösen und auf ein Kuchengitter setzen.

6. Für die Glasur Eiweiß und Zucker in eine hitzebeständige Schüssel geben, über einen Topf mit köchelndem Wasser setzen und schlagen, bis der Zucker vollständig aufgelöst ist. Vom Herd nehmen und weitere 4–5 Minuten schlagen, bis der Schaum steif wird. Die Butter esslöffelweise zufügen und weiterschlagen, bis sich weiße Spitzen bilden. Das Vanillearoma und einige Tropfen rosa Lebensmittelfarbe unterrühren, bis die Glasur gleichmäßig gefärbt ist. Gegebenenfalls mehr Lebensmittelfarbe hinzufügen, damit die Glasur ein kräftiges Rosa erhält. Anschließend in einen Spritzbeutel mit Sterntülle füllen.

7. Die Glasur auf die Cupcakes spritzen und diese mit den Dekorherzen bestreuen. Vor dem Servieren die Cupcakes entlang der Linie in zwei Hälften schneiden, sodass man das Herz in der Mitte sehen kann.

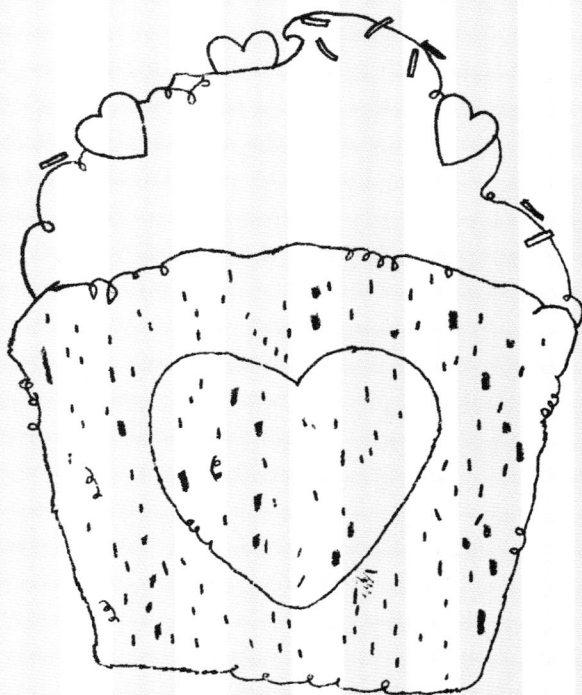

4

4

7

7

Regenbogen-Cupcakes

Ergibt 12

200 g Mehl

1½ TL Backpulver

¼ TL Salz

60 g weiche Butter

50 g Margarine

200 g Feinstzucker

einige Tropfen Vanillearoma

4 Eiweiß von Eiern in Größe L

125 ml Milch

Lebensmittelfarbe in Rot, Gelb, Grün und Blau

Liebesperlen, zum Dekorieren

Glasur

3 Eiweiß von Eiern in Größe L

150 g Zucker

225 g weiche Butter

einige Tropfen Vanillearoma

1. Den Backofen auf 180 °C vorheizen und ein Cupcake-Backblech mit 12 Mulden mit Papierförmchen auslegen.

2. Mehl, Backpulver und Salz in einer Schüssel vermengen. Butter, Margarine und Feinstzucker in einer zweiten Schüssel schaumig schlagen. Das Vanillearoma untermischen und unter ständigem Rühren das Eiweiß einzeln zufügen. Die Hälfte der Mehlmischung und die Milch sorgfältig einrühren. Dann die restliche Mehlmischung beimengen.

3. Den Teig gleichmäßig auf 6 kleine Schüsseln verteilen und jeweils unterschiedlich einfärben: 8–10 Tropfen rote Lebensmittelfarbe für ein kräftiges Rot, 8 Tropfen gelb und 4 Tropfen rot für einen Orangeton, 8 Tropfen gelb für den Gelbton, 8 Tropfen grün für einen Grünton, 8 Tropfen blau für einen Blauton sowie 8 Tropfen rot und 4 Tropfen blau für einen Violettton. Die Lebensmittelfarbe immer sorgfältig einarbeiten, bis der Teig gleichmäßig gefärbt ist.

4. Die bunten Teigportionen schichtweise auf die Papierförmchen verteilen, dabei mit Violett beginnen. Je 1 großen Esslöffel violetten Teig in jedes Papierförmchen geben und mit dem Löffelrücken glatt streichen. Dann je 1 Esslöffel blauen, grünen, gelben, orangefarbenen und schließlich roten Teig hineingeben und glatt streichen. 20 Minuten im vorgeheizten Ofen backen, bis die Cupcakes aufgegangen sind und ein in die Mitte gestochener Holzspieß sauber wieder herausgezogen werden kann. 1–2 Minuten abkühlen lassen, dann zum vollständigen Auskühlen aus der Form lösen und auf ein Kuchengitter setzen.

5. Für die Glasur Eiweiß und Zucker in eine hitzebeständige Schüssel geben, über einen Topf mit köchelndem Wasser setzen und schlagen, bis der Zucker vollständig aufgelöst ist. Vom Herd nehmen und weitere 4–5 Minuten schlagen, bis der Schaum steif wird. Die Butter esslöffelweise zufügen und weiterschlagen, bis sich weiße Spitzen bilden. Schließlich das Vanillearoma vorsichtig unterrühren. Die Glasur dann in einen Spritzbeutel mit Sterntülle füllen.

6. Die Glasur auf die Cupcakes spritzen und mit Liebesperlen bestreuen. Die Regenbogen-Cupcakes können sofort serviert werden.

3

Profi-Tipp

Wenn Ihnen die Herstellung der Regenbogen-Cupcakes zu umständlich ist, nehmen Sie nur 2 Farben und marmorieren Sie den Teig.

4

6

Mädchen oder Junge?

Ergibt 12

200 g Mehl

1½ TL Backpulver

¼ TL Salz

125 g weiche Butter

200 g Feinstzucker

einige Tropfen Vanillearoma

2 Eier, Größe L

125 ml Milch

Zuckerstreusel in Rosa und Blau, zum Dekorieren

Essbare Täfelchen

Rollfondant in Weiß

Zuckerschrift in Rosa und Blau

Cremefüllung

1 Eigelb

60 g Feinstzucker

2 EL Speisestärke

225 ml Milch

1 Prise Salz

einige Tropfen Vanillearoma

Lebensmittelfarbe in Rosa oder Blau (je nach Geschlecht des Babys)

1. Für die essbaren Täfelchen den weißen Fondant 5 mm dick ausrollen und 12 Kreise à 2,5 cm Durchmesser ausstechen. Auf Backpapier legen und mit rosa Zuckerschrift „Girl?" auf 6 Kreise schreiben. Auf die restlichen mit blauer Zuckerschrift „Boy?" schreiben. Zum Trocknen beiseitestellen.

2. Den Backofen auf 180°C vorheizen und ein Cupcake-Backblech mit 12 Mulden mit Papierförmchen auslegen.

3. Mehl, Backpulver und Salz in einer Schüssel vermengen. Butter und Feinstzucker in einer zweiten Schüssel schaumig schlagen. Das Vanillearoma untermischen und unter ständigem Rühren die Eier einzeln zufügen. Mehlmischung und Milch sorgfältig einrühren.

4. Den Teig in die Papierförmchen füllen und im vorgeheizten Ofen 20 Minuten backen, bis die Cupcakes aufgegangen und goldbraun sind. 1–2 Minuten abkühlen lassen, dann zum vollständigen Auskühlen aus der Form lösen und auf ein Kuchengitter setzen.

5. Für die Füllung das Eigelb in einer hitzebeständigen Schüssel schaumig schlagen. Zucker, Speisestärke, Milch und Salz in einem Topf auf mittlerer Stufe unter ständigem Rühren zum Kochen bringen und 1 Minute köcheln. Den Topf vom Herd nehmen und 1 Esslöffel Milchmischung unter das Eigelb schlagen. Dann das Eigelb unter ständigem Rühren unter die Milchmischung schlagen. Auf niedriger Stufe wieder erwärmen und rühren, bis die Masse andickt. Das Vanillearoma einrühren, alles in eine Rührschüssel umfüllen und rosa oder blaue Lebensmittelfarbe einrühren. Mit Frischhaltefolie abdecken und im Kühlschrank aufbewahren.

Glasur

125 g weiche Butter

250 g Puderzucker, bei
Bedarf etwas mehr

2 EL Milch

einige Tropfen Vanillearoma

¼ TL Salz

6. Für die Glasur die Butter in einer Schüssel cremig
rühren. Puderzucker, Milch, Vanillearoma und Salz
untermischen. Falls nötig, mehr Puderzucker zufügen, um die gewünschte Konsistenz zu erhalten.

7. Mit einem Apfelausstecher mittig ein Loch in
jeden Cupcake stechen. Das Loch zur Hälfte mit der
Creme füllen. Die ausgestochenen Cupcake-Stücke
halbieren und die Löcher mit den oberen Hälften
verschließen. Mithilfe eines Palettenmessers eine
dünne Schicht Glasur auf die Cupcakes streichen.

8. Die restliche Glasur in einen Spritzbeutel mit
Sterntülle füllen und auf die Cupcakes spritzen. Auf
jeden Cupcake ein Täfelchen drücken und alle, die
mit „Girl?" beschriftet sind, mit rosa Dekorzucker
bestreuen. Die restlichen mit dem blauen Dekorzucker. Die Cupcakes können sofort serviert werden.

Piñata-Cupcakes

Ergibt 12

125 g Mehl

60 g Kakaopulver

1½ TL Backpulver

¼ TL Salz

125 g weiche Butter

200 g Feinstzucker

einige Tropfen Vanillearoma

2 Eier, Größe L

125 g Sahne

Glasur

125 g weiche Butter

250 g Puderzucker

2 EL Milch

einige Tropfen Vanillearoma

1 Prise Salz

Schoko-Piñata

350 g Vollmilchkuvertüre, grob gehackt

2 EL Pflanzenöl

450 g Mini-Fruchtgummi

2 TL Puderzucker mit 2 TL Wasser vermischt

Liebesperlen

1. Den Backofen auf 180°C vorheizen und ein Cupcake-Backblech mit 12 Mulden mit Papierförmchen auslegen.

2. Mehl, Kakaopulver, Backpulver und Salz in einer Schüssel vermengen. Butter und Feinstzucker in einer zweiten Schüssel schaumig schlagen. Das Vanillearoma untermischen und unter ständigem Rühren die Eier einzeln zufügen. Die Hälfte der Mehlmischung und die Sahne sorgfältig unterrühren. Die restliche Mehlmischung beimengen.

3. Den Teig auf die Papierförmchen verteilen und 20 Minuten im vorgeheizten Ofen backen, bis die Cupcakes aufgegangen sind und ein in die Mitte gestochener Holzspieß sauber wieder herausgezogen werden kann. 1–2 Minuten abkühlen lassen, dann zum vollständigen Auskühlen aus der Form lösen und auf ein Kuchengitter setzen.

4. Für die Glasur die Butter in einer Schüssel mit dem Mixer cremig rühren. Puderzucker, Milch, Vanillearoma und Salz zufügen und untermischen. Falls nötig, mehr Puderzucker zufügen, um die gewünschte Konsistenz zu erhalten.

5. Verstreichen Sie die Glasur mithilfe eines Palettenmessers gleichmäßig auf den Cupcakes, bis die Oberfläche vollständig bedeckt ist.

6. Für die Schoko-Piñatas Kuvertüre und Öl in eine hitzebeständige Schüssel geben und über einem Wasserbad schmelzen, dabei immer wieder umrühren. Um die Schoko-Piñatas herzustellen, braucht man eine kuppelartige Form, eventuell eine Tasse, die dem Durchmesser der Cupcakes entspricht. 1 Esslöffel geschmolzene Kuvertüre in die Form geben und langsam schwenken, sodass die Schokolade sich in der Form verteilt und auch die Seiten bedeckt. Gegebenenfalls die Schokolade mit einem Löffelrücken in der Form verstreichen. Zum Abkühlen 5–10 Minuten ins Gefrierfach stellen, bis die Schokolade fest ist. Dann die Schokolade aus der Form lösen und bis zur Weiterverarbeitung in den Kühlschrank stellen. Insgesamt 12 Schoko-Piñatas herstellen.

7. Die Schoko-Piñatas mit je 1 Esslöffel Mini-Fruchtgummis füllen, je 1 Cupcake umdrehen und fest daraufdrücken. Nun die Piñata-Cupcakes umdrehen. Ein wenig Puderzuckermischung auf den Schoko-Überzug streichen und mit Liebesperlen bestreuen. Sobald die alles getrocknet ist, können die Piñata-Cupcakes serviert werden.

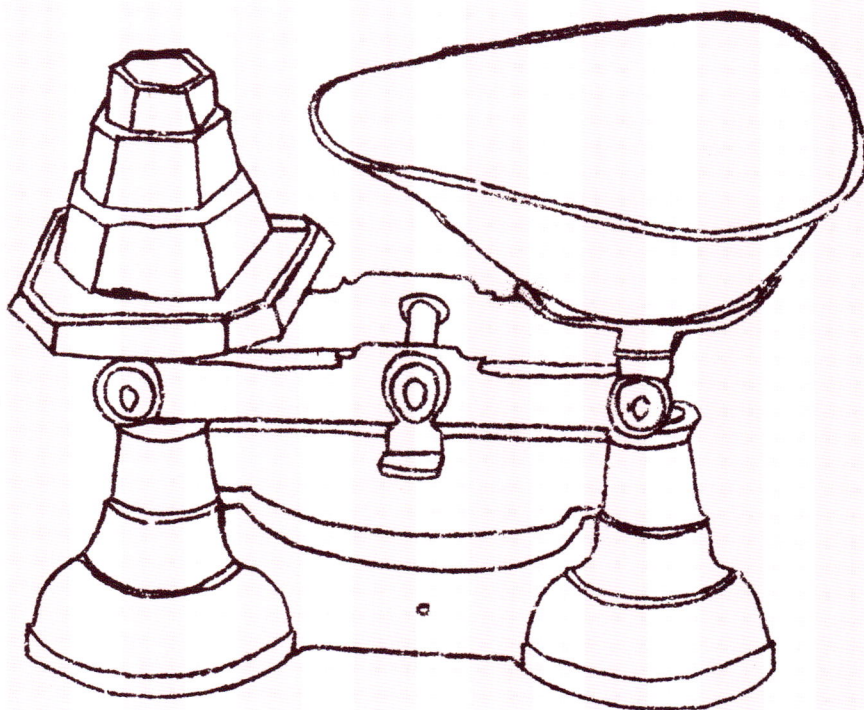

5

7

7

7

Cupcake in der Waffel

Ergibt 12

200 g Mehl

1½ TL Backpulver

¼ TL Salz

125 g weiche Butter

200 g Feinstzucker

einige Tropfen Vanillearoma

2 Eier, Größe L

125 ml Milch

85 g Schokoladentröpfchen

12 Waffelbecher

Liebesperlen, zum Dekorieren

Glasur

125 g weiche Butter

250 g Puderzucker, bei Bedarf etwas mehr

1 EL Milch

einige Tropfen Vanillearoma

1 Prise Salz

1. Den Backofen auf 180°C vorheizen und ein Cupcake-Backblech mit 12 Mulden mit Papierförmchen auslegen.

2. Mehl, Backpulver und Salz in einer Schüssel vermengen. Butter und Zucker in einer zweiten Schüssel schaumig schlagen. Das Vanillearoma untermischen und unter ständigem Rühren die Eier einzeln zufügen. Die Hälfte der Mehlmischung und die Milch sorgfältig einrühren. Dann die restliche Mehlmischung beimengen. Zum Schluss die Schokoladentröpfchen unterheben.

3. Den Teig auf die Förmchen verteilen und in jede Teigportion 1 umgedrehten Waffelbecher so tief wie möglich drücken. 20 Minuten im vorgeheizten Ofen backen, bis die Cupcakes aufgegangen sind und ein in den Teig gestochener Holzspieß sauber wieder herausgezogen werden kann. 1–2 Minuten abkühlen lassen, dann zum vollständigen Auskühlen aus der Form lösen und auf ein Kuchengitter setzen.

4. Für die Glasur Butter, Puderzucker, Milch, Vanillearoma und Salz in einer Schüssel mit dem Mixer cremig rühren. Falls nötig, mehr Puderzucker zufügen, um die gewünschte Konsistenz zu erhalten.

5. Die Papierförmchen von den Cupcakes entfernen und umdrehen, sodass sie auf den Waffelbechern stehen. Die Glasur mithilfe eines Palettenmessers auf die Cupcakes streichen und diese vor dem Servieren mit Liebesperlen bestreuen.

Flower-Power-Cupcakes

Ergibt 12

125 g Mehl

60 g Kakaopulver

1½ TL Backpulver

¼ TL Salz

125 g weiche Butter

200 g Feinstzucker

einige Tropfen Vanillearoma

2 Eier, Größe L

125 g Sahne

Dekorblüten, zum Dekorieren

Glasur

4 Eiweiß von Eiern in Größe L

200 g Zucker

¼ TL Weinsteinbackpulver

einige Tropfen Vanillearoma

Schokoladenglasur

175 g Vollmilchkuvertüre, grob gehackt

2 EL Rapsöl

1. Den Backofen auf 180°C vorheizen und ein Cupcake-Backblech mit 12 Mulden mit Papierförmchen auslegen.

2. Mehl, Kakaopulver, Backpulver und Salz in einer Schüssel vermengen. Butter und Zucker in einer zweiten Schüssel schaumig schlagen. Das Vanillearoma untermischen und unter ständigem Rühren die Eier einzeln zufügen. Mehlmischung und Sahne sorgfältig beimengen.

3. Den Teig auf die Papierförmchen verteilen und 20 Minuten im vorgeheizten Ofen backen, bis die Cupcakes aufgegangen sind und ein in die Mitte gestochener Holzspieß sauber wieder herausgezogen werden kann. 1–2 Minuten abkühlen lassen, dann zum vollständigen Auskühlen aus der Form lösen und auf ein Kuchengitter setzen.

4. Für die Glasur Eiweiß, Zucker und Backpulver in eine hitzebeständige Schüssel geben, über einen Topf mit köchelndem Wasser setzen und schlagen, bis der Zucker vollständig aufgelöst ist. Vom Herd nehmen und weitere 4–5 Minuten schlagen, bis sich weiße Spitzen bilden. Dann das Vanillearoma unterrühren.

5. Die Glasur in einen Spritzbeutel mit Sterntülle füllen und gleichmäßig auf die Cupcakes spritzen. Mindestens 15 Minuten in den Kühlschrank stellen.

6. Für die Schokoladenglasur Kuvertüre und Öl in eine hitzebeständige Schüssel geben und über einem Wasserbad schmelzen, dabei immer wieder umrühren. Die Cupcakes mit der Glasur in die geschmolzene Schokolade tauchen, bis die weiße Glasur vollständig bedeckt ist. Die Cupcakes sofort mit Dekorblüten verzieren und zum Trocknen beiseitestellen. Servieren.

Cupcakes mit versenktem Keks

Ergibt 12

12 runde Schokoladenkekse
mit Cremefüllung

125 g Mehl

60 g Kakaopulver

1½ TL Backpulver

¼ TL Salz

60 g weiche Butter

200 g Feinstzucker

einige Tropfen Vanillearoma

2 Eier, Größe L

125 g Sahne

12 kleine Kekse mit
Schokoladenüberzug, zum
Dekorieren

Glasur

225 g weiche Butter

175 g Puderzucker, bei Bedarf
etwas mehr

2 EL Milch

einige Tropfen Vanillearoma

1 Prise Salz

6 Doppelschokokekse mit
heller Cremefüllung

1. Den Backofen auf 180°C vorheizen und ein Cupcake-Backblech mit 12 Mulden mit Papierförmchen auslegen. Legen Sie in jedes Papierförmchen 1 runden Schokokeks.

2. Mehl, Kakaopulver, Backpulver und Salz in einer Schüssel vermengen. Butter und Feinstzucker in einer zweiten Schüssel schaumig schlagen. Das Vanillearoma untermischen und unter ständigem Rühren die Eier einzeln zufügen. Die Hälfte der Mehlmischung und die Sahne einrühren. Dann die restliche Mehlmischung beimengen.

3. Den Teig auf die Papierförmchen verteilen und 20 Minuten im vorgeheizten Ofen backen, bis die Cupcakes aufgegangen sind und ein in die Mitte gestochener Holzspieß sauber wieder herausgezogen werden kann. 1–2 Minuten abkühlen lassen, dann zum vollständigen Auskühlen aus der Form lösen und auf ein Kuchengitter setzen.

4. Für die Glasur die Butter in einer Schüssel mit dem Mixer cremig rühren. Puderzucker, Milch, Vanillearoma und Salz zufügen. Die Doppelkekse trennen und die Füllung in die Glasur rühren. Die Plätzchen beiseitelegen. Falls nötig, mehr Puderzucker zur Glasur zufügen, um die gewünschte Konsistenz zu erhalten.

5. Die beiseitegelegten Schokoladenkekse mit einem Messer fein hacken und unter die Glasur heben. Alles in einen Spritzbeutel mit Sterntülle füllen und gleichmäßig auf die Cupcakes spritzen. Dekorieren Sie jeden Cupcake noch mit 1 Keks.

4

5

5

Konfetti-Cupcakes

Ergibt 12

200 g Mehl

1½ TL Backpulver

¼ TL Salz

60 g weiche Butter

50 g Margarine

125 g Feinstzucker

einige Tropfen Vanillearoma

4 Eiweiß von Eiern in Größe L

125 ml Milch

75 g Liebesperlen

Glasur

2 Eiweiß von Eiern in Größe L

100 g Zucker

160 g weiche Butter

einige Tropfen Vanillearoma

1. Den Backofen auf 180°C vorheizen und ein Cupcake-Backblech mit 12 Mulden mit Papierförmchen auslegen.

2. Mehl, Backpulver und Salz in einer Schüssel vermengen. Butter, Margarine und Feinstzucker in einer zweiten Schüssel schaumig schlagen. Das Vanillearoma zugeben und das Eiweiß unter ständigem Rühren nacheinander zufügen. Die Hälfte der Mehlmischung und die Milch sorgfältig einrühren. Dann die restliche Mehlmischung beimengen und zwei Drittel der Liebesperlen unterheben.

3. Den Teig in die vorbereiteten Papierförmchen füllen und im vorgeheizten Ofen 20 Minuten backen, bis die Cupcakes aufgegangen und goldbraun sind. 1–2 Minuten abkühlen lassen, dann zum vollständigen Auskühlen aus der Form lösen und auf ein Kuchengitter setzen.

4. Für die Glasur Eiweiß und Zucker in eine hitzebeständige Schüssel geben und über einem Wasserbad schlagen, bis der Zucker vollständig aufgelöst ist. Vom Herd nehmen und 4–5 Minuten weiterschlagen. Die Butter esslöffelweise zufügen und weiterrühren, bis sich weiße Spitzen bilden. Schließlich das Vanillearoma unterrühren und die Glasur in einen Spritzbeutel mit Sterntülle füllen.

5. Die Glasur auf die Cupcakes spritzen und anschließend die Liebesperlen darüberstreuen. Die Konfetti-Cupcakes können sofort serviert werden.

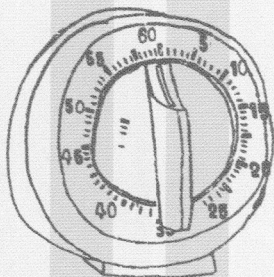

Profi-Tipp

Die Liebesperlen können eventuell den Teig etwas verfärben, aber sobald er einmal gebacken ist, fällt das nicht mehr auf.

5

5

5

Versteckte Mini-Kuchen

Ergibt 12

200 g Mehl

1½ TL Backpulver

1 TL gemahlener Zimt

¼ TL Salz

125 g weiche Butter

200 g Feinstzucker

einige Tropfen Vanillearoma

2 Eier, Größe L

125 ml Milch

Mini-Kuchen

Butter, zum Einfetten

500 g frische Blaubeeren

1½ TL Zitronenabrieb

1 EL Zitronensaft

3 EL Mehl, plus etwas mehr zum Bestäuben

75 g Feinstzucker

200 g Fertig-Mürbeteig

Glasur

125 g weiche Butter

250 g Puderzucker, bei Bedarf etwas mehr

1 EL Milch

einige Tropfen Vanillearoma

1 TL gemahlener Zimt

1 Prise Salz

Lebensmittelfarbe in Gelb und Braun

1. Den Backofen auf 190 °C vorheizen. Ein Mini-Cupcake-Backblech einfetten und ein normales Cupcake-Backblech mit 12 Mulden mit Papierförmchen auslegen.

2. Für die Mini-Kuchen Blaubeeren, Zitronenab-rieb, Zitronensaft, Mehl und Feinstzucker in einer Schüssel vermengen und beiseitestellen.

3. Den Fertig-Mürbeteig auf einer leicht bemehlten Arbeitsfläche ausrollen und mit einem runden Aus-stecher (7,5 cm Durchmesser) 12 Kreise ausste-chen. Übrig gebliebenen Teig zur Kugel formen, in Frischhaltefolie wickeln und beiseitelegen. Die Teigkreise in die Mulden des Mini-Cupcake-Blechs drücken und 1 großen Esslöffel Blaubeermischung daraufgeben. Die restliche Blaubeermischung beiseitestellen.

4. Den restlichen Mürbeteig ausrollen und 12 Kreise mit 5 cm Durchmesser ausstechen. Die Mini-Kuchen mit den Teigkreisen abdecken und die Ränder fest zusammendrücken. Mit einem Zahnstocher je 4 Löcher in die Deckel stechen und 20–25 Minuten backen, bis die Cupcakes goldbraun sind. Das Back-blech aus dem Ofen nehmen und die Hitze auf 180 °C reduzieren. Die Mini-Kuchen 1–2 Minuten abkühlen lassen, dann zum vollständigen Auskühlen aus der Form lösen und auf ein Kuchengitter setzen.

5. Die restliche Blaubeermischung mit 4 EL Wasser auf mittlerer Stufe erhitzen. Sobald die Mischung kocht, die Hitze reduzieren und 5 Minuten köcheln lassen, bis die Blaubeeren eine sirupartige Konsis-tenz haben. Mit einem Stabmixer pürieren und zum Abkühlen beiseitestellen.

6. Mehl, Backpulver, Zimt und Salz in einer Schüssel vermengen. Butter und Feinstzucker in einer zweiten Schüssel schaumig schlagen. Das Vanillearoma untermischen und unter ständigem Rühren die Eier einzeln zufügen. Die Hälfte der Mehlmischung und die Milch sorgfältig einrühren. Dann die restliche Mehlmischung beimengen.

7. 1 Esslöffel Teig in jedes Papierförmchen geben und je 1 Mini-Kuchen daraufsetzen. Den restlichen Teig über die Mini-Kuchen in den Papierförmchen geben. 20 Minuten im Ofen backen, bis die Cupcakes aufgegangen und goldbraun sind. 1–2 Minuten abkühlen lassen, dann zum vollständigen Auskühlen aus der Form lösen und auf ein Kuchengitter setzen.

8. Für die Glasur Butter, Puderzucker, Milch, Vanillearoma, Zimt und Salz in eine Schüssel geben und mit dem Mixer cremig rühren. Falls nötig, mehr Puderzucker zufügen, um die gewünschte Konsistenz zu erhalten. Einige Tropfen gelbe und 1 Tropfen braune Lebensmittelfarbe unterrühren, bis die Glasur gleichmäßig eingefärbt ist. Dann die Glasur in einen Spritzbeutel mit kleiner Spritztülle füllen.

9. Sobald die Cupcakes abgekühlt sind, je 1 Esslöffel Blaubeerpüree gleichmäßig darauf verstreichen. Zuerst ein Gitternetz mit insgesamt je 4 Linien auf jeden Cupcake spritzen. Anschließend eine verschnörkelte Linie um den Rand der Cupcakes auftragen und servieren.

2

7

9

9

S'mores-Cupcakes

Ergibt 12

125 g Mehl

85 g Kakaopulver, plus etwas mehr
zum Bestäuben

1½ TL Backpulver

¼ TL Salz

125 g weiche Butter

200 g Feinstzucker

einige Tropfen Vanillearoma

2 Eier, Größe L

125 g Sahne

40 g Schokoladentröpfchen

Keksboden

125 g Butterkekse

125 g Feinstzucker

125 g weiche Butter

Glasur

4 Eiweiß von Eiern in Größe L

200 g Puderzucker

¼ TL Weinsteinbackpulver

einige Tropfen Vanillearoma

1. Den Backofen auf 180 °C vorheizen und ein Cupcake-Backblech mit 12 Mulden mit Papierförmchen auslegen.

2. Für den Keksboden alle Zutaten in einer Küchenmaschine zu groben Streuseln verarbeiten. 1 Esslöffel Keksmischung in jedem Papierförmchen mit dem Löffelrücken an den Boden drücken. Restliche Keksmischung beiseitestellen. Die Keksböden 8 Minuten im Ofen backen, bis sie goldbraun sind. Das Blech herausnehmen, aber den Ofen nicht ausschalten.

3. Mehl, Kakaopulver, Backpulver und Salz in einer Schüssel vermengen. Butter und Feinstzucker in einer zweiten Schüssel mit dem Mixer schaumig schlagen. Das Vanillearoma untermischen und unter ständigem Rühren die Eier einzeln zufügen. Mehlmischung und Sahne sorgfältig unterrühren und die Schokoladentröpfchen unterheben.

4. Den Teig auf die Papierförmchen verteilen. Die restliche Keksmasse über den Teig streuen. 20 Minuten im Ofen backen, bis die Cupcakes aufgegangen sind und ein in die Mitte gestochener Holzspieß sauber wieder herausgezogen werden kann. 1–2 Minuten abkühlen lassen, dann zum vollständigen Auskühlen aus der Form lösen und auf ein Kuchengitter setzen.

5. Für die Glasur Eiweiß, Puderzucker und Backpulver in eine hitzebeständige Schüssel geben, über einen Topf mit köchelndem Wasser setzen und schlagen, bis der Zucker vollständig aufgelöst ist. Vom Herd nehmen und 4–5 Minuten weiterschlagen, bis der Schaum steif ist. Das Vanillearoma vorsichtig unterrühren. Die Glasur in einen Spritzbeutel mit Sterntülle füllen und gleichmäßig auf die Cupcakes spritzen. Mit Kakaopulver bestäuben und sofort servieren.

Süße Eier

Ergibt 12

12 Eier, Größe L

200 g Mehl

1½ TL Backpulver

¼ TL Salz

125 g weiche Butter

200 g Feinstzucker

einige Tropfen Vanillearoma

fein abgeriebene Schale
von 1 Zitrone

125 ml Milch

Zum Dekorieren

225 g weiße Kuvertüre,
grob gehackt

1 EL Pflanzenöl

2 TL Puderzucker mit
2 TL Wasser verquirlt

Liebesperlen

1. Mit einem Stäbchen oben in jedes Ei ein Loch stechen. Das Loch vorsichtig vergrößern, bis es einen Durchmesser von 1 cm hat. Das Innere von 2 Eiern aus der Schale in eine Schüssel leeren. Diese beiden Eier werden für den Teig benötigt. Die restlichen Eier in eine zweite Schüssel leeren und diese im Kühlschrank lagern.

2. Die Eierschalen vorsichtig unter fließendem kaltem Wasser ausspülen und dann zum Trocknen mit dem Loch nach unten auf Küchenpapier stellen.

3. Den Backofen auf 180 °C vorheizen.

4. Mehl, Backpulver und Salz in einer Schüssel vermengen. Butter und Feinstzucker in einer zweiten Schüssel schaumig schlagen. Das Vanillearoma untermischen und unter ständigem Rühren die beiden Eier zufügen. Den Zitronenabrieb und die Hälfte der Mehlmischung einrühren. Die Milch und die restliche Mehlmischung untermischen.

5. Den Teig in einen Spritzbeutel mit einer Lochtülle füllen, die klein genug ist, um den Teig in die leeren Eierschalen zu spritzen. Diese vorsichtig mit dem Teig füllen. Stellen Sie die Teigeier aufrecht in ein Cupcake-Backblech mit 12 Mulden. Falls die Eier nicht aufrecht stehen und immer wieder umfallen, mit zerknüllter Alufolie in den Mulden fixieren.

6. 20 Minuten im vorgeheizten Ofen backen, bis ein in die Mitte gestochener Holzspieß sauber wieder herausgezogen werden kann. 1-2 Minuten abkühlen lassen, dann zum vollständigen Auskühlen aus der Form nehmen und auf ein Kuchengitter setzen. Falls Kuchen aus den Löchern in der Eierschale quillt, den überstehenden Teig mit einem Messer entfernen und entsorgen.

7. Sobald die Kucheneier abgekühlt sind, die Eierschale vorsichtig entfernen.

8. Zum Dekorieren Kuvertüre und Öl in eine hitzebeständige Schüssel geben und über einem Wasserbad schmelzen, dabei immer wieder umrühren. Die Eier nacheinander zur Hälfte in die Schokolade tauchen und überflüssige Schokolade in die Schüssel zurücktropfen lassen. Die Eier mit der Schokoladenseite nach oben zum Trocknen in das Cupcake-Backblech setzen. Sobald alle 12 Eier zur Hälfte mit Schokolade überzogen sind, 10-15 Minuten zum Festwerden in den Kühlschrank stellen. Die Schokolade muss in der Zwischenzeit eventuell erneut erwärmt werden, damit sie flüssig bleibt. Dann die andere Hälfte der Eier in die Schokolade tauchen. Die Eier mit der trockenen Schokoseite nach unten zurück auf das Cupcake-Backblech setzen und nochmals 10-15 Minuten in den Kühlschrank stellen.

9. Mit Puderzuckermischung hübsche Verzierungen auf die Schokoeier malen und die Liebesperlen darüberstreuen. Servieren.

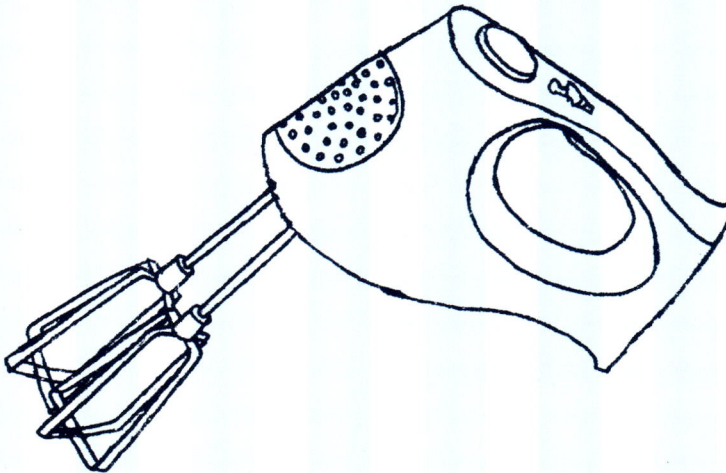

1

7

8

Profi-Tipp

Für den Teig werden nur 2 Eier benötigt, die restlichen 10 halten sich abgedeckt im Kühlschrank 2–3 Tage.

Register

Register

This edition published by Parragon Books Ltd
LOVE FOOD is an imprint of Parragon Books Ltd

Parragon Books Ltd
Chartist House
15–17 Trim Street
Bath BA1 1HA, UK
www.parragon.com

Layout: Lexi L'Esteve
Neue Rezepte und Einleitung: Robin Donovan
Fotografien: Sian Irvine
Zusätzliche Fotografien: Mike Cooper
Illustrationen Charlotte Farmer
Lektorat: Fiona Biggs

Copyright © für die deutsche Ausgabe
Parragon Books Ltd
Chartist House
15–17 Trim Street
Bath BA1 1HA, UK
www.parragon.com

Realisation der deutschen Ausgabe:
trans texas publishing services GmbH, Köln

ISBN 978-1-4723-4954-5
Printed in China

Hinweis

Sofern die Schale von Zitrusfrüchten benötigt wird, verwenden Sie unbedingt unbehandelte,
heiß abgewaschene Früchte. Sind Zutaten in Löffeln angegeben, ist immer ein gestrichener
Löffel gemeint: Ein Teelöffel entspricht 5 ml, ein Esslöffel 15 ml. Sofern nicht anders
angegeben, wird Magermilch (0,3 % Fett) verwendet. Eier und einzelne Gemüsestücke sind von
mittlerer Größe. Garnierungen, Dekorationen und Serviervorschläge sind optional und nicht
unbedingt in der Zutatenliste oder Anleitung angegeben. Gerichte mit rohen oder nur leicht
gegarten Eiern sollten von Kindern, Senioren, Schwangeren, Kranken und Rekonvaleszenten
gemieden werden. Schwangeren und stillenden Müttern wird überdies vom Verzehr von
Erdnüssen und Erdnussprodukten abgeraten. Menschen mit Nussallergie sollten sich vor der
Verwendung von Fertigprodukten vergewissern, dass diese keine Nüsse enthalten.